# Der Weg von Pula nach Wels in Oberösterreich

Dies ist der 2. Teil meiner Erlebnisse vor der PingPongParkinson-Weltmeisterschaft in Wels und nach der WM in Pula.

Meine Gefühle, meine Gedanken und meine Erlebnisse möchte ich hier beschreiben.

Mit einigen in der Praxis durchgeführten Dingen bei großen Turnieren, wie zum Beispiel den German Open oder der PPPWC spreche ich konstruktiv die Sachen an, die meiner und die Meinung vieler anderen Mitgliedern verbesserungswürdig sind und geändert werden sollten. Ich hoffe, dass es mir gelingen wird, den Lesern ein wenig von der Spannung, die ich erlebt habe, zu vermitteln. Der zweite Teil meiner Trilogie, beschreibt meine Hoffnung und meine Vorbereitung irgendwann einmal meinen Traum, den Gewinn einer Medaille bei den German Open oder einer Weltmeisterschaft zu erfüllen.

# Der Weg von Pula nach Wels in Oberösterreich

Überraschenderweise oder sollte ich von einer nicht erwartenden Sensation sprechen, wenn ich an meine erste Weltmeisterschaftsteilnahme von PingPongParkinson in Pula, Kroatien denke.
Im Doppel mit meinem Partner Jürgen verpassten wir ganz knapp den Titel des Weltmeisters. Mit einer Bronzemedaille beendeten wir aber das Turnier in Pula. Jürgen durfte sich auch noch im Mixteam mit Margret Vizeweltmeister nennen. Zu dritt sind wir mit unserem Betreuer Marco und dessen Frau Sandra in das Abenteuer Istrien gegangen und fuhren mit 5 Medaillen nach Hause.
Erfolge machen geil und ich war geil auf noch mehr Erfolg bei PingPongParkinson. Ich nahm mir nach dem Turnier in Kroatien vor, irgendwann einmal die Goldmedaille bei einer Weltmeisterschaft zu erspielen. Ich spiele seit einem guten Jahr Tischtennis. Begonnen habe ich mit dem Ping Pong als Therapiemaßnahme gegen meinen Morbus Tremor. Ich hätte vorher niemals gedacht, dass dieser Sport mich so an sich fesseln würde.
Die Monate nach der PingPongParkinson-Weltmeisterschaft wollte ich nutzen, um noch mehr und besser zu trainieren.

Damit ich mich an den Wettkampf gewöhne und meine überdurchschnittliche Nervosität in den Griff bekomme, meldete mich der TTV Hervest-Dorsten für den Meisterschaftsspielbetrieb an. Ich sollte also in der 8. Mannschaft in der Hobbyliga meine erste Saison spielen. Auch half ich in der Kreisklasse in der 6. und 7. Mannschaft aus und zahlte sehr viel Lehrgeld. 24 Spiele musste ich dem Gegner zum Sieg gratulieren. Eine echt frustrierende Phase, die ich durchlaufen musste. Das letzte Saisonspiel, das 25. war es dann, das mir den ersten Erfolg bescherte. Mir gelang mein erster schon nicht mehr geglaubte Sieg. Doch davor durchging ich das Tal der Tränen und Demotivation.

Ich nahm mir zwar nach Pula vor, durch mehr Training besser zu werden, doch der Fortschritt blieb aus und ich verzweifelte immer mehr. Auch gesundheitlich holte mich meine Krankheit brutaler ein. Meine Bandscheiben schmerzten unerträglich und es gab Tage, an denen ich nicht laufen konnte. Ich wusste einfach nicht weiter. Die Ärzte konnten mir auch nicht wirklich helfen und ich dachte daran, das Handtuch zu werfen. Ich fiel in ein Loch und hatte Schwierigkeiten, dort wieder herauszukommen.

Drei Wochen noch und wir fahren zu der 4. PingPongParkinson-Weltmeisterschaft nach Wels in Oberösterreich. Drei Wochen verbleiben mir noch, um das eigene Spiel im Training zu verbessern. Nach der Weltmeisterschaft 2022 in Kroatien soll das Turnier 2023 in Österreich meine zweite Weltmeisterschaft werden. Bei meinem Auftritt im letzten Jahr wusste ich vorher nicht, was mich erwartet. Es war mein erster Wettkampf unter dem Dach von PingPongParkinson und dann noch überraschend erfolgreich. Im Doppel durfte ich sogar kurz mit meinen Partner von einer Goldmedaille träumen, doch die Gegner im Halbfinale hatten etwas dagegen. Am Ende wurden uns jeweils die Bronzemedaillen umgehängt. Zu dritt traten wir vom TTV Hervest-Dorsten bei der Weltmeisterschaft in Pula an und konnten insgesamt fünf Medaillen mit nach Hause nehmen. Dieser Erfolg brachte uns den Sieg bei der Dorstener Wahl Sportler des Monats Oktober 2022 ein. Doch es wurde noch besser. Wir wurden später noch als Sportler des Jahres und zum Team des Jahres vom Dorstener Bürgermeister beim Sportlerball ausgezeichnet. Aber nicht nur das Edelmetall um unsere Hälse machten das Turnier zu einer unvergesslichen Geschichte. Mit unserem Betreuer und Förderer Marco und seiner Frau Sandra wuchs in dieser Woche etwas zusammen, dass man im Nachhinein als wirkliche Freundschaft beschreiben kann. Ich wusste damals schon, diese Teilnahme an der Weltmeisterschaft wird nie wieder mit nichts vergleichbar werden.
Jetzt drei Wochen vor meinem nächsten internationalen

Turnier blicke ich auf das letzte Jahr zurück und dieses Mal weiß ich was mich erwartet. Obwohl ich mich sportlich verbessert habe, ist die Konkurrenz wesentlich größer und schwieriger zu spielen geworden. Gespürt habe ich dies schon im Mai in Düsseldorf bei den erstklassig ausgetragenen German Open. Trotz sehr guten Start mit drei Siegen musste ich im Einzel und im Doppel am zweiten Tag die Heimfahrt antreten. Auch in der heimischen Meisterschaft durfte ich bis zum letzten Spiel immer nur Lehrgeld bezahlen. Es war dann das letzte Saisonspiel, dass mir den ersten Sieg einbrachte. Ich musste in unzähligen Trainingseinheiten viel Schweiß und Muskelkater hinnehmen und trotzdem blieb der Erfolg gegen meine Konkurrenten bei den vielen Turnieren des Stada Cups und im Training aus. Ich musste mir eingestehen, egal wie viele Fortschritte ich gemacht habe, die Gegner, gegen die ich antreten musste, wurden auch immer besser.

Drei Wochen noch und so langsam erwachte die Nervosität. Es sind wirklich nur noch drei Wochen. Ich fühle mich eigentlich noch nicht bereit und vor allem nicht gut genug, eine ansprechende Weltmeisterschaft zu spielen.

Wenn ich in die letzten Monate zurückblicke, vor allem dabei an die German Open denke, kommt die Enttäuschung über meine Leistung immer wieder hoch. Beim Training gelingen mir Schläge mit dem Tischtennisball, die ich im Spiel um Punkte einfach nicht hinbekomme. Vielleicht brauche ich wirklich einen Sportpsychologen, wie mein Betreuer Marco oft mit einem Lächeln sagt. So langsam glaube ich, er meint es ernst. Auch das ich bei den German Open im Doppel mit meinem Partner Jürgen plötzlich in Kategorie 2 statt wie in Pula in Kategorie 3 starten musste und wir beim Spiel um den Einzug ins Viertelfinale gegen starke Gegner knapp ausschieden, verfolgt mich noch heute. Das komische an meine Person als Teilnehmer der PingPongParkinson-Turniere ist, dass ich von den Verantwortlichen und anderen Spielern immer stärker eingeschätzt werde als ich tatsächlich bin. Dabei muss ich sogar gegen echt schwache Spieler schon alles geben, um die Spiele zu gewinnen. Steht dann der erste gleich starke Konkurrent mir gegenüber am Tischtennistisch, ist es dann meist mein Aus. Zu nervös und unkonzentriert wird mein Spiel. Dazu kommt, dass ich aus Angst einer Niederlage meine Trainingsleistung noch nie in einem Punktespiel aufrufen konnte. Jetzt ist noch etwas seltsam an mir beim Tischtennisspiel. Muss ich mich gegen einen wesentlich stärkeren Gegner wehren, zum Beispiel aus der Kategorie 1, verliere ich zwar manchmal auch haushoch, doch mein Spiel ist gegen diese Teilnehmer immer gut und nicht von der sonst üblichen Nervosität geprägt. Da bei diesen Gegnern für mich nichts zu holen ist, spiele ich einfach locker und befreit auf.

Das Turnier in Eystrup, die Eystruper Open sind dafür das beste Beispiel. Mein Freund Lars hat dort mit den ganzen Dorf ein Turnier der Superlativen aus dem Hut gezaubert. 72 Teilnehmer aus 7 verschiedenen Nationen stellten sich der Konkurrenz. Ihnen sollten alle Wünsche von den Lippen abgelesen werden. Egal ob der Fahrdienst uns chauffiert hat oder wir abends zusammen bei einem sehr schmackhaften Buffets gegessen und gefeiert haben, noch einmal meinen Dank an Eystrup. Gespielt wurde dort natürlich auch. In mehreren Dreiergruppen war ich in meinem Team an 2 gesetzt und spielte dann auch gegen die Bekannten aus der Kategorie 2. Und wie gingen die Spiele aus? Ich verlor alle 5 Spiele. Vier davon denkbar knapp, aber verloren ist verloren. Es reicht einfach nicht. In der Trostrunde dagegen schaffte ich es dann mit meinem Team bis ins Halbfinale. Deshalb habe ich Bedenken, dass ich wieder stärker eingeschätzt werde als ich bin und nicht in Kategorie 3 bei der Weltmeisterschaft antreten darf. Diese Befürchtung habe ich besonders für unser Doppel. Na ja, bis jetzt ist die Sorge ein ungelegtes Ei.

Viele neue Bekannte durfte ich mittlerweile durch Ping PongParkinson kennenlernen. Mit einigen führe ich sogar freundschaftliche Beziehungen. Die meisten Leute vergessen, PingPongParkinson ist eine Selbsthilfegruppe, die über das Tischtennisspiel versucht, die durch Parkinson auftretenden Symptome zu lindern.

Wir spielen aber nicht nur Tischtennis.

Immer öfter werden Veranstaltungen und Online-Treffen organisiert und mit Gastvorträgen aus der Forschung und Medizin gekrönt.

Anfang des Jahres 2023 wurde ich vom Vorstand PPP überraschend gefragt, ob ich nicht die Landesleitung NRW übernehmen wollte. Ich überlegte nur kurz und sagte zu. Jetzt gehörte ich der großen PPP-Familie wirklich an. Durch den Posten des Landesleiters lernte ich noch mehr Mitglieder von PPP kennen und diese mich.

Wir luden in Dorsten andere PPP-Stützpunkte sonntags zu stützpunktübergreifenden Trainingseinheiten ein. Sechsmal trafen wir uns dieses Jahr und das Angebot wurde von vielen Mitgliedern bei PPP angenommen.

Obwohl ich in Marl wohne, ist der TTV Hervest-Dorsten meine Tischtennis-Heimat. Das Thema Inklusion wurde beim TTV von Anfang an gefördert. Schnell merkten die anderen Mitglieder dort, dass wir an Parkinson erkrankten Sportler kein bemitleidenswerter Haufen, denen man großzügigerweise ein oder zwei Tischtennistische zur

Verfügung stellt, sondern ehrgeizige und vor allem auch erfolgreiche Sportler, die auch dem Verein gut tun sind. So wuchsen wir in die Tischtennisgemeinschaft hinein und gehörten schnell dazu.

Wir saßen dann bei der PingPongParkinson-Weltmeisterschaft in Pula eines Abends zusammen und unser Betreuer, der gleichzeitig auch die Position des Geschäftsführers beim TTV in Dorsten ausübt, kam auf die Idee, selbst ein großes Turnier auszurichten. Aus der Idee wurde ein Plan, der schnell lebendige Formen annahm. Es sollte etwas Neues sein. Etwas, was es bei PingPongParkinson noch nicht gab. In Absprache mit den Verantwortlichen von PingPongParkinson werden wir parallel zur Bezirksmeisterschaft den sogenannten Deutschland-Cup, der eine deutsche PPP-Mannschaftsmeisterschaft sein soll, veranstalten. 16 Teams mit fast 80 Spielern werden nun Mitte Oktober in unserer Halle das beste Team Deutschlands ausspielen. Wir hatten also viel zu tun und das Jahr ging schnell vorbei.

Gesundheitlich ging es mir seit Pula immer schlechter. Nicht nur mein Mitbewohner Parkinson zeigte mir immer mehr, dass er mein Leben mitbestimmt, auch meine Knie und Bandscheiben klopften schmerzhaft bei mir an.

Das ich Bandscheibenvorfälle in den Lendenwirbel habe, wusste ich schon lange. Doch nun kam die Diagnose Arthrose in den Knien noch dazu. Von November bis in den Juni hinein wurde ich von meinem

Orthopäden behandelt. Der wirkliche Erfolg blieb mir aber verwehrt. Die Schmerzen wurden unerträglich. An vernünftiges Training war nicht zu denken. Dann fuhr ich noch zweimal in den verdienten Urlaub und im Juli in die Komplextherapie. Eine gute Trainingsvorbereitung für eine Weltmeisterschaft sieht allerdings anders aus. Ich kam an einen Punkt, an dem ich mit meinem Spiel in ein Loch fiel und der körperliche Schmerz mich nicht mehr aufstehen ließ. Ich war kurz davor, alles hinzuschmeißen und aufzuhören.

Ich konnte und wollte nicht mehr mit diesen Schmerzen spielen.

Jetzt kam die Komplextherapie dazwischen und die Ärzte dort stellten mich medikamentös neu ein. Es ging mir sofort besser. Ich habe zwar noch immer fürchterliche Schmerzen, doch ich fühlte mich besser. Während der Komplextherapie ging ich dreimal bei unserem Partnerverein in Pansdorf trainieren. Dort nahmen sich die beiden Trainer Volker und Rainer für mich Zeit und brachten mir den Spaß am Tischtennis wieder zurück.

Als ich wieder die heimische Halle betrat, war ich 8 Wochen vor der Weltmeisterschaft wieder motiviert. Da der Schmerz im Rücken mich aber nicht nur beim Sport, sondern auch sonst in meinem Leben hinderte, einigermaßen glücklich zu sein, entschied ich mich in Absprache mit meinem Neurochirurgen für einen operative Eingriff. Doch dieser muss bis nach der

Weltmeisterschaft in Österreich warten.

Wir brauchten mehr konzentrierte Zeit für unser Training am Tischtennistisch. Wir wollten uns besser vorbereiten und die Verantwortlichen des TTV reagierten. Am frühen Mittwochabend gehörte plötzlich die Halle zum Trainieren uns alleine. Es wurde aber noch besser. Wir bekamen mit Michaela eine engagierte Trainerin an unserer Seite gestellt. Das Training mit ihr ist gut und macht uns allen riesigen Spaß.

Es ist der Sonntag genau 3 Wochen vor dem Start der PingPongParkinson Weltmeisterschaft. In meinem E-Mail-Eingang habe ich Post vom österreichischen Veranstalter. Die Spieler sind nach Punkten in ihren jeweiligen Kategorien eingeteilt worden. Da ich in allen drei Wettbewerben antreten möchte und auch gemeldet bin, durchstöbere ich zuerst die Herren-Einzel-Liste. Meine 834 QTTR-Punkte sind zum Glück wenig genug, so das ich in der von mir gewünschten Kategorie 3 eingeteilt wurde. Obwohl ich dort auch keinen Blumentopf gewinnen werde, habe ich mit ein wenig Losglück vielleicht die Chance, die Vorrunde zu überstehen. In der Kategorie 2 würde ich untergehen. Doch ich konzentriere mich sowieso mehr auf das Doppel mit meinem Partner Jürgen und schon hat uns das Glück verlassen. Unsere Punkte wurden wie bei allen anderen auch zusammengerechnet und wir landeten in der Kategorie 2. Der Traum, wieder eine Medaille zu gewinnen, ist somit fast schon ausgeträumt.

Jetzt hilft nur noch in Bestform anzutreten, das Glück und den lieben Gott auf unserer Seite zu haben.

Ich mache enttäuscht die Liste mit der Einteilung für den Mix-Wettbewerb auf. Dort trete ich mit der Schweizerin Silvia an. Nach 50 anderen Teilnehmern kommen wir beide an 51. Stelle. Man ey, ich zähle durch. 75 gemeldet und noch ein paar Suchende, die dazukommen werden. Das wird eng. 51. bei 75 Teilnehmern wäre gerade noch Kategorie 3. Jetzt kommt es darauf an, wie stark und welche Punktzahl haben die Nachrückenden. Sollten die meisten Teilnehmer besser eingeteilt werden, hätten wir Glück und wir würden in meiner Wunschkategorie 3 bleiben. Doch Glück hatte ich bei PingPongParkinson noch nie. Ich erinnere mich nur an das Halbfinale in Pula letztes Jahr. Nach dem nervenraubenden 5-Satzkrimi mussten wir ohne Pause, die unser Gegner hatten, zum Halbfinale antreten. Das einzige, was Jürgen und mir gestattet wurde, war einen Schluck zu trinken. Den ersten Satz gewannen wir dann noch, doch danach fehlte uns die Kraft und wir verloren das Match um den Einzug ins Finale denkbar knapp. Unsere slowenischen Gegner wurden dann auch Weltmeister. So viel zum Glück. Ich befürchte fast, Silvia und ich werden in der Kategorie 2 starten.

Auf alle Fälle hat die Einteilung in den verschiedenen Kategorien schon einen Hauch vom Weltmeisterschaftsfeeling in unser Wohnzimmer gezaubert.

Am Dienstagabend, 19 Tage vor der Eröffnungsfeier stand das erste Meisterschaftsspiel in der neuen Saison an. Mit der 10. Mannschaft des TTV Hervest Dorsten begrüßten wir als Gastgeber den VFL Hüls in der Hobbyliga. Dieses Mal spielte ich nicht im Doppel mit meinem Partner Jürgen. Der gewann sein Doppelmatch mit der jugendlichen Hannah 3:1, während ich zum ersten Mal mit Matthias ran musste. Unser Doppel verlief dann mal wieder typisch für mich. Den ersten Satz gewonnen und den zweiten verloren. Das ist ja nichts Ungewöhnliches beim Tischtennisspiel. Doch das wir dann beide darauffolgenden Sätze mit jeweils 10:12 verloren, genau das meinte ich mit typisch für mich. Da Margret sich nach dem Aufwärmen nicht so gut fühlte, um mitzuspielen, spielten Jürgen und ich vom PPP-Team alleine mit den gesunden Mannschaftskollegen. Jürgen und Hannah waren stark und gewannen ihre Einzelspiele souverän. Ich dagegen reihte mich wieder in meiner negativen verlorenen Spielliste ein. Erstes Einzel ganz knapp verloren. Wäre ich etwas nervenstärker, wäre ich der Sieger gewesen. Aber ich bin nicht nervenstark genug, um die Big Points zu machen. Das letzte Spiel bei diesem Aufeinandertreffen verlor ich dann chancenlos und war sehr enttäuscht von meinem persönlichen Ausgang. Trotzdem gewann meine Mannschaft das komplette Spiel mit 6:4 und wir konnten den ersten Sieg in der noch jungen Saison einfahren. In der Nacht lag ich im Bett und grübelte darüber nach, warum ich immer, wenn es eng wird, versage. Bei stärkeren Gegnern habe ich keine

Probleme, ein Spiel zu verlieren. Aber es kann doch nicht sein, dass ich gegen Gegner auf meinem Niveau am Ende immer wieder den Kürzeren ziehe. Ich muss unbedingt ein oder zwei Spiele gewinnen und so mein Selbstvertrauen steigern. Dann werde ich mit Sicherheit auch weitere Aufeinandertreffen am Tischtennistisch für mich entscheiden können.

In Wels bei der PingPongParkinson-Weltmeisterschaft werden über 300 Spieler und Spielerinnen aus 22 unterschiedlichen Nationen um Medaillen kämpfen. 135 Teilnehmer stellt allein das deutsche Team und ist somit von den Spielern und Spielerinnen die größte Nation. In meiner Kategorie werde ich mich mit über 70 Konkurrenten messen müssen. Dafür wurden in den Hallen des Messegeländes 50 Tischtennistische bereitgestellt. Nur noch 17 Tage und wir sitzen im Auto Richtung Süden.

Das Team, das wir in Pula waren wird es in Österreich nicht mehr geben. Leider wird Sandra uns nicht begleiten. Dafür darf ich mich dieses Mal aber über die Unterstützung meiner Frau und die meines Hundes erfreuen.

Enttäuschend verlief auch die Sponsorensuche für uns aus Dorsten. Während ich viele Weltmeisterschaftsteilnehmer aus anderen Orten wegen ihrer Unterstützung durch lokale Unternehmen beneidend darf, sind wir leer ausgegangen. Das ist sehr schade, dass es keine Firmen oder Unternehmen in Dorsten oder im Kreis Recklinghausen gibt, die uns ein wenig unter den Armen greifen wollten. Nur der TTV Hervest-Dorsten, der ja durch seine sozialen Engagements bekannt ist, unterstützt uns ein wenig bei dem Projekt PingPongParkinson-Wetmeisterschaft 2023.

Am Mittwoch waren es noch 16 Tage bis zur Fahrt nach Wels. Ich habe an diesem Tag meinen OP-Termin bekommen. An zwei Bandscheibenvorfällen werde ich operiert. Mein Neurochirurg hatte Verständnis für meinen Auftritt bei der PingPongParkinson-Weltmeisterschaft und nun wird der Eingriff in der 3. Oktoberwoche erfolgen. Ich hoffe so sehr, dass die unteren Rückenschmerzen durch die OP reduziert werden. Danach werde ich mein schmerzendes rechtes Arthrose-Knie operieren lassen. Auch hier hindert mich der Schmerz bei meinen Bewegungen. Mit Gottes Hilfe bin ich dann im nächsten Jahr schmerzfrei und kann unter anderem auch am Tischtennistisch bessere Leistungen erreichen als jetzt noch.

Mit Michaela als Trainerin zogen wir einen Glücksgriff. Sie ist genauso motiviert wie wir drei Teilnehmer in Wels. Das Training mit ihr macht Spaß und verbessert unser Können. Man, was wäre nur gewesen, wenn sie uns schon eher trainiert hätte? Mit Sicherheit hätte zumindest ich das eine oder andere verlorene Spiel gewonnen.
Aber nicht nur wir WM-Teilnehmer profitieren von

ihrem Training. Alle PingPongParkinsonspieler des TTV können daran teilnehmen und sich verbessern. Natürlich bin ich auch froh, weiter mit Marco trainieren zu können. Marco spielt mir die Bälle so zu, dass ich sehr viel Selbstvertrauen aufbaue und ich bin glücklich mit ihm einen Betreuer beim TTV zu haben, der uns und vor allem mich so sehr unterstützt.

Aber nicht nur die WM steht uns kurz zuvor. Auch die Vorbereitung unseres Deutschland-Cups läuft auf Hochtouren. Ich habe mich noch einmal vor dem Computer gesetzt und das WDR-Fernsehen angeschrieben. So hoffe ich doch noch von einem Bericht über das PPP-Turnier im WDR.

Noch 10 Tage und ich möchte in Österreich die PingPongParkinson-Weltmeisterschaft spielen. Doch leider habe ich mir letzte Woche bei unserem Meisterschaftsspiel das rechte, schon lädierte Knie vertreten. Seitdem kann ich das Knie keiner Belastung aussetzen. Ich habe die letzten Trainingseinheiten aussetzen müssen. Nicht nur der Rücken, jetzt mal wieder das Knie. Ich kann es kaum glauben. Mich verschont auch nichts.
Das ich nicht trainieren sollte und dadurch überhaupt keine gute Vorbereitung auf die Weltmeisterschaft hatte, bin ich dann abends doch noch zum Tischtennis gegangen. Jetzt sitze ich hier einen Tag später und bereue meinen Ehrgeiz.
Der Ball wurde von meinem Gegenüber sehr weit nach

rechts gespielt. Wie durch ein Wunder konnte ich mich so schnell bewegen, dass ich den Ball mit meiner Vorhand auf den Tisch zurückbekam. Dankend nahm Rolf den Ball an und platzierte den Ball nach links auf meine Rückhandseite. Ich sprang nach links und es trat ein messerstechender Schmerz ein. Das Training musste ich sofort beenden. Falscher Ehrgeiz hat mir jetzt ein kaputtes Knie eingebracht.

Wieder zu Hause durfte ich meine Turnierzusage für den Wendener Stada-Cup schweren Herzens absagen. Ich weiß nun, ich werde unvorbereitet und verletzt nach Wels zur PingPongParkinson-Weltmeisterschaft fahren.

Heute Morgen, 9 Tage vor der Abfahrt nach Österreich habe ich erfahren, dass der WDR eine Reportage über unseren Dorstener Deutschland Cup im Fernsehen plant. Nachdem ich mich ein paarmal erfolglos bemüht hatte, E-Mails an den WDR geschrieben hatte und vergeblich auf eine Antwort wartete, fiel mir unser Dorstener PingPongParkinson-Kamerad Alfred Weiß ein. Ich erklärte ihm mein Vorhaben und er schaffte es dann tatsächlich, ein Team des WDR zu uns zu locken. So wird unser PingPongParkinson-Turnier und unsere Sache über das Fernsehen an die Öffentlichkeit gebracht werden. Unser Turnier ist schon fast ein voller Erfolg, bevor auch nur ein erster Ball geschlagen wurde. Die Resonanz der Teams ist groß und begeistert.

Eine Woche noch, bis wir in Wels bei der PingPongParkinson-Weltmeisterschaft ankommen werden. Gestern Abend musste das Training wegen meinem lädierten Knie ohne mich stattfinden. Ich liege im Bett, während ich diese Zeilen schreibe und das Knie ist die Nacht mit Schmerzsalbe unter umwickelter Frischhaltefolie behandelt worden.

Nachdem Training im Fitnessstudio gestern durfte ich noch bei der dort praktizierenden Physiotherapeutin Susanne vorbeikommen. Sie untersuchte und bewegte das Knie gekonnt fachlich. Zum Schluss gab sie mir noch Tipps, wie ich versuchen könnte, das Knie durch Übungen wieder einigermaßen fit zu bekommen. Ich versprach ihr aber eigentlich mir selbst meine Hausaufgaben zu machen.

Ich kann doch nicht ohne Training zu einer Weltmeisterschaft fahren. In der mir noch verbliebenden Woche nahm ich mir vor, noch ein paar Tage am Tischtennistisch stehen zu wollen.

Die Projektwoche des TTV Hervest Dorsten in der Bonifatius- Schule stand an und ich gab unseren Jugendleiter mein Wort am Donnerstag dort in der Grundschule dabei zu sein. Wir beim TTV Hervest Dorsten treiben nicht nur die Inklusion der durch Behinderungen gehandicapten Spieler voran. Auch das soziale Engagement wie Grundschulen ehrenamtlich zu besuchen und den Kindern das Tischtennis im Sportunterricht schmackhaft zu machen, gehört zu unseren Selbstverständlichkeiten. Aufgrund dieser Tatsachen ist es schade, dass wir drei Teilnehmer der Weltmeisterschaft keine Unterstützung von auch nur einem Unternehmen aus der Region in und um Dorsten bekomen haben. Das sieht teilweise bei unserer Konkurrenz ganz anders aus.

Sonntag Abend bekam ich dann eine Nachricht über den Messenger Dienst WhatsApp. Ede aus Oberhausen hat aus dem Trainingslager mein Trikot für die Weltmeisterschaft mitgebracht. Nur hat er auf dem Heimweg nicht wie gedacht bei mir halt gemacht, sondern mich gefragt, wie wir verbleiben, als er wieder zu Hause war. Ich wollte ihm nichts auflasten und nur für das Trikot hatte ich auch nicht vor die Strecke von zwei Mal 40 Kilometern auf mich zu nehmen. Wir einigten uns für eine Übergabe am Ort der Weltmeisterschaft in Wels. Der ist oft bei uns in der Halle zum Training gewesen und gehört praktisch zur Familie. Umso schlimmer war für mich meine Niederlage bei den German Open dieses Jahr im 5. Satz gegen ihn. Dieses verlorene Spiel besiegelte mein Ausscheiden bei diesem Turnier in Düsseldorf. Im Nachhinein frage ich mich immer wieder, warum spiele ich nicht mein Spiel wie im Training gegen Marco? Dann würde ich auch mal ein knappes Ding gewinnen. Einen Tag später fiel mir ein, dass wir in Wels das Appartement von Samstag bis Samstag gebucht hatten. Das Turnier aber bis zu unserem Abreisetag gehen sollte und ich zwar nicht daran glaube, aber mit viel Glück vielleicht doch irgendein Finale erreichen könnte, rief ich in unserem gebuchten Hotel an und verlängerte für einen weiteren Tag. Die Hoffnung stirbt bekanntlich zu letzt.

Danach nahm ich Kontakt zu meiner unbekannten Mixpartnerin Silvia auf. Ich möchte unbedingt vor dem Turnierstart ein paar Bälle mit ihr schlagen und ein Treffen in Österreich vereinbaren. Da sie aus der Schweiz kommt, ist an Einspielen leider nicht zu denken.

Die Koffer sind gepackt und auch Silvia hat sich zwischenzeitlich gemeldet. Mein letztes Training am Mittwochabend verlief vielversprechend und die Nervosität steigt ganz langsam an. Hoffentlich hält mein Knie, waren meine Gedanken. Letzten Dienstag in der Meisterschaft verloren Jürgen und ich unser Doppel im 5. Satz. Generalprobe also verbockt. Jetzt waren wir auf der Zielgeraden. Ich hoffe dort bei der PingPongParkinson-Weltmeisterschaft eine ordentliche Leistung abzuliefern. Wenn es dann für Edelmetall reichen sollte, wäre ich sehr glücklich.

Samstagmorgen um 5:30 Uhr fuhren meine Frau und ich von zu Hause los. Nach 9 Stunden erreichten wir Wels den Ort der PingPongParkinson-Weltmeisterschaft 2023 in Oberösterreich.

Müde und erschöpft bezogen wir unser Appartement und machten uns sofort mit unserem Hund auf zur Messehalle 1. Nach 15 Minuten zu Fuß erreichten wir die Spielstätte. Die Veranstalter bauten gerade auf und räumten ein. Ich spürte ein leichtes Kribbeln. Nicht mehr lang und es geht endlich wieder los. Im Programmheft, das ich schon in die Hand gedrückt bekommen habe, steht hinter meinem Namen die Startnummer 107. Ich hoffe morgen nach der Akkreditierung noch ein wenig trainieren zu können. Ich kann mich auch nur für die vielen aufmunternden Worte meiner Bekannten und Freunde über diesen Weg bedanken. Alle wünschen mir Glück und drücken mir die Daumen. Ich freue mich außerdem, die vielen Bekannten, die ich jetzt von PingPongParkinson kennengelernt habe, hier bei der Weltmeisterschaft wieder zu sehen.

Ich möchte dazu noch einen Satz zu dem neuen Selbsthilfeverein, dem PingPongParkinson jetzt angeschlossen ist, schreiben. Dazu übernehme ich einfach die Worte unseres Vorsitzenden Thorsten Boomhuis.

52 Gründungsmitglieder haben am 10 September 2023 den neuen eigenständigen Selbsthilfeverein „Parkinson Verbund (e. V. i. Gr.)" (PV) gegründet. Dieser Verein wird die Selbsthilfearbeit von PPP übernehmen und die Zersplitterung der Parkinson-Selbsthilfe durch Zusammenarbeit und Kooperation bekämpfen.

PV möchte neben der Selbsthilfearbeit in zahlreichen Gruppen verschiedene Facetten der Selbsthilfearbeit abdecken und zum Beispiel die Patienten zu ihren eigenen Gesundheitsmanagern ausbilden. Zudem werden wir in Zusammenarbeit mit den Parkinsonpaten die Paten-Idee voran bringen, aber auch Behandler in

Netzwerken verbinden und schulen.
Der Vorstand von PPP bittet Euch, diesen Weg mitzugehen, um die Selbsthilfe in Deutschland deutlich zu verbessern!
Daher: Werdet Mitglied des Parkinson Verbund e. V. mit einem Beitrag von 12 € pro Jahr!
Dies zeigt uns doch ganz verständlich, dass PPP nicht nur das Tischtennisspielen sondern eine wirkliche Selbsthilfegruppe für Parkinsonerkrankte sowie ihrem Anhang ist.

Die erste Nacht in Wels ist geschafft. Mein Schlaf war wie immer unruhig und nicht konstant. Raus aus dem Bett, ins Badezimmer und danach mit Samu die Gassirunde. Jetzt auf das Frühstück freuen. Es breitet sich währenddessen langsam eine leichte innere Unruhe auf. Ob positiv oder negativ kann ich noch nicht vorherbestimmen. Hauptsache, ich bin nicht so nervös wie in Pula oder Düsseldorf. Doch das Gefühl, mit meinem Doppelpartner Jürgen eine gute Leistung am Tischtennistisch zu erbringen, wächst mit jeder Stunde weiter. Obwohl ich eher Atheist als fromm gläubig bin, bete ich zu Gott, dass ich hier bei den Spielen einfach nur so spiele wie in heimischer Halle beim Training. Wenn ich das schaffe, ist es egal, was am Ende der Weltmeisterschaft herauskommt. Ein Traum wäre es, wenn ich Samstag noch im Turnier teilnehmen würde. Vielleicht bringt meine Frau mir ja dieses Mal das notwendige und bisher fehlende Glück.

Sorgen macht mir unterdessen noch mein rechtes Knie. Ich creme es noch immer mit einer schmerzstillenden Salbe ein und hoffe, dass das Knie mich nicht am Tischtennistisch behindert.

Gespannt bin ich wie alle anderen auf die Auslosung der einzelnen Gruppen. Hoffentlich wird meine Gruppe nicht allzu schwer. Das erste Match wird für mich persönlich von der Mentalität und Physis das Wichtigste werden. Der Druck wäre bei einem Sieg erst einmal stark reduziert.

Schade ist, dass mein neuer Aufschlag nach ungefähr 800 Übungsaufschlägen nur zu 30% auf den Tisch kommt. Darum werde ich ihn auch bei diesem Event noch nicht bringen können. Im Moment überfällt mich wieder die so typische Parkinson-Müdigkeit. Das macht mir etwas Angst, denn meine ständige Unkonzentriertheit kosteten mir bisher nicht nur viele Punkte, sondern auch einige Siege. Bei einem 9:9 oder 8:8 gewinnt fast immer mein am Tisch stehende Gegenüber.

Nach der Akkreditierung ging es endlich in die Halle. Wow, was für ein Anblick. 48 Tischtennistische standen dort bereit und warteten auf uns Spieler. Ich fand mit Gaby sofort eine starke Partnerin zum Einspielen und sie schlug mir die Bälle um die Ohren. Anschließend spielten wir gemeinsam im Doppel gegen 2 starke männliche Gegner und gewannen mit 9:11, 11:9 und 12:10. Es war zwar nur ein Trainingsspiel, doch der Anfang war schon mal ganz gut.
Mein zweiter Trainingspartner war der Schwede Jörgen. Es machte mir richtig Spaß, mit einem Spieler der Kategorie 1 zu spielen. Ich war zwar nicht besser als er, aber ich habe echt gut gespielt und das half mir mein Selbstbewusstsein wieder aufzuwecken.
Am späten Nachmittag dann kamen Marco, Jürgen und Margret endlich dazu. Das Dorstener Quartett war wieder zusammmen. Gemeinsam ging es nach dem Abendessen zur Teambesprechung der deutschen Teilnehmer. Viele bekannte Gesichter wurden freundschaftlich begrüßt und mit dem Trikot des deutschen Teams trat ich den Heimweg zum Hotel an.

Ich wollte einfach nur ins Bett und schlafen.

Am nächsten Tag ging es nach dem Frühstück zum gemeinsamen Training in die Halle. Auf halber Strecke traf ich auf das Schweizer Team und lernte endlich meine Mixpartnerin Silvia kennen. Jürgen und ich spielten uns ein. Kurz danach eine erste Herausforderung. Wir beide trafen in einem Trainingsspiel auf ein anderes deutsches Team der Kategorie 2. Wir waren gut und gewannen ziemlich überzeugend mit 3:0. Unsere Gegner forderten eine Revanche. Jürgen und ich gewannen wieder dieses Mal 3:1.

Mit Silvia habe ich noch einige Bälle geschlagen, bevor ich die Japanerin Yurie traf. Yurie und ich lernten uns letztes Jahr in Kroatien bei den Weltmeisterschaften kennen und trainierten dort jeden Tag zusammen. Nach ein paar geschlagenen Bällen fragte sie mich nach einem Match und ich nahm an. Yurie gewann letztes Jahr in Pula bei den Damen Bronze und ist eine starke Gegnerin. Ich gab mein Bestes und gewann 11:8 und 11:6. Dieser Sieg steigerte mein Selbstbewusstsein sehr. Ich fühlte mich gut und ging danach zum Fototermin und zur offiziellen Eröffnungsfeier.

Es war 2 Uhr in der Nacht als, ich wach wurde. Ich weiß nicht, warum, aber an einschlafen war nicht mehr zu denken. Die Auslosung gestern setzte mich an 1. Stelle der Gruppe 4.

5 weitere Teilnehmer wurden mir dazugelost. 2 Deutsche, ein Italiener und ein Österreicher.

Mein 5. Gegner war ein alter Bekannter aus Malta. Adrian und ich spielten schon in Pula in der Vorrunde im Einzel und im Halbfinale im Doppel gegeneinander. Letztes Jahr gewann ich das Einzelspiel gegen ihn. Zog aber im Doppel mit Jürgen gegen ihn und seinen Partner den Kürzeren.

Man trifft sich immer zweimal im Leben. Am Morgen hatten wir uns noch gesehen und freudig begrüßt. Die Gruppe ist stark besetzt. Es wird schwierig werden gegen jeden einzelnen Konkurrenten. Ich werde um jeden Punkt hart kämpfen müssen.

Hoffentlich hilft das Daumendrücken meiner Freunde und Bekannten.

Die Gedanken spuken durch meinem Kopf. Auch die Aufregung steigt langsam an. Ich hoffe, sie verwandelt sich nicht wieder in Nervosität. Ok, frühstücken, einspielen und dann geht es los.

Mit Marco beim Einspielen lief alles noch hervorragend. Typisch Training. Doch dann musste ich gegen den ersten Gegner ran. Auch er ein Deutscher. Ich agierte viel zu nervös und meine Schläge waren nicht gewohnt sicher. Trotzdem reichte meine Leistung aus, um ungefährdet mit 3:0 zu gewinnen. Mir fiel nach dem

Matchball eine zentnerschwere Last von den Schultern. Marco war mit dem Ergebnis zufrieden, mit meinem Spiel aber nicht. Mein zweiter Gegner kam aus Österreich und hatte ein Heimspiel. Wieder überkam mich eine gewisse Nervosität, die ich aber im Laufe der Partie, wie den Gegner in den Griff bekam. Am Ende stand ich mit einem glatten 3:0 als Sieger fest.

Danach forderte mich der italienische Landsmann. Doch dieses Spiel konnte ich locker mit 3:0 für mich entscheiden.

Jetzt kam es zum Aufeinandertreffen mit Adrian aus Malta. Er war es, der Jürgen und mir im letzten Jahr Gold und den Weltmeistertitel vor der Nase weggeschnappt hatte. In dieses Match musste ich voll konzentriert hineingehen. Doch wie der Teufel es will, gab es vor dem Match, in dem ich als Schiedsrichter eingesetzt war, einen regeltechnischen Protest, dem ich stattgab. Der spätere Verlierer legte daraufhin nach dem Match Protest bei der Turnierleitung ein. Das ganze Prozedere dauerte eine halbe Stunde und raubte mir die Konzentration.

Ich atmete ein paarmal tief durch und spielte meinen Freund aus Malta an die Wand. Auch hier stand es am Ende 3:0 für mich.

Ich musste dann sofort wieder ran. Mein Gegner aus München war aber fair und genehmigte mir eine 10-minütliche Pause.

Im ersten Satz spielte ich trotz der starken Gegenwehr meines Gegners dieses Mal gutes Tischtennis und gewann. 1 :0 für mich. Aber nach dem dritten Satz lag ich auf einmal 1:2 hinten. Zu unkonzentriert agierte ich und dazu passten die acht Aufschlagfehler von mir. Doch plötzlich hatte ich das Gefühl, dieses Spiel noch zu meinen Gunsten drehen zu können und gewann den vierten Satz mit 12:10.

Ich war wieder im Match und gab es auch nicht mehr aus der Hand. Ich baute einen fünf Punkte Vorsprung aus, nur um ihn wieder zu verspielen. Doch dann riss ich mich zusammen, holte die letzten Energiereserven aus mir heraus und gewann das letzte Spiel der Vorrunde mit 3:2.

Insgesamt also 5 Siege und keine Niederlage. Bei Jürgen lief es noch besser. Er gab in der ganzen Vorrunde nur einen Satz ab und schaffte auch 5 Siege. Leider konnte Margret den Druck durch ihre körperlichen Defizite nicht standhalten und um ihre Mixteilnahme nicht zu gefährden, gab sie im Einzel auf. Das war echt schade, aber vielleicht auch richtig. Am Ende des Turniers werden wir dann schlauer sein.

Ich hoffte, die Hauptrunde zu überstehen. Doch es würde richtig schwierig werden. Die Gegner auf die ich jetzt treffe sind eigentlich besser als ich. Aber vielleicht habe ich ja Donnerstag einen guten Tag und dazu noch das Glück auf meiner Seite und dann könnte ich meinen Traum ein Stück näher gekommen sein.

Jetzt heißt es ausruhen, um mich auf das Doppel mit Jürgen zu konzentrieren. Nur nicht so knapp wie in Düsseldorf bei den German Open ausscheiden. Unser Ziel wäre eine Medaille, egal welche und dazu müssen wir zumindest das Halbfinale erreichen.

Gestern Abend habe ich mir unsere Doppelgegner und ihren Turnierverlauf in den Einzelwettbewerben angesehen. Oh mein Gott, sind die stark. Jürgen und ich müssen heute Morgen einen top Tag erwischen, um nicht auszuscheiden. Beim Frühstück ging es Margret gar nicht gut. Wir wollen mal abwarten, ob der Tag eine Besserung bringt. Für mich gilt jetzt volle Konzentration auf die Gruppenspiele gegen die Israelis, Holländer und Slowenen.

In der Halle angekommen waren schon alle Tische belegt. Ich schaute durch den Raum und erblickte Alex alleine an einem Tisch stehen. Eine Minute später spielten Jürgen und ich uns mit ihm und seinen Partner Jörg ein. Alex und ich haben uns im Mai diesen Jahres in Düsseldorf bei den German Open kennengelernt und waren uns sofort sympathisch.

Die beiden schlugen Jürgen und mir die Bälle um die Ohren. Ich war froh, dass wir in diesem Moment nicht wirklich gegen die beiden antreten mussten. Eine halbe Stunde später hatte ich den Spielberichtsbogen in der Hand. Das erste Match hatten wir schon gewonnen. Die Holländer traten nicht mehr an.

Doch als ich am Tisch gegen die beiden Gegner aus Slowenien stand, spürte ich eine Steifheit oder besser Freezing genannt. Dazu wurde der Schwindel, der sich anmeldete, immer größer. Ich machte Jürgen darauf aufmerksam und wollte das Spiel so schnell wie möglich beenden. Wir merkten aber, dass wir beide nicht in normale Form waren und unsere Schläge saßen nicht. Wir stellten unsere Taktik um und konnten die

Gegner ausgucken. Wir behielten mit unserer gemeinsamen Erfahrung den Ball so lange im Spiel, bis die anderen beiden den Fehler fabrizierten. Mit 3:0 gingen wir als Sieger vom Tisch. Arbeitssieg fertig, abhaken.

Im zweiten Spiel, das sofort folgte, spielten wir mit der gleichen Taktik und gewannen wieder mit 3:0.

So zogen wir unspektakulär als Gruppensieger ins Achtelfinale ein.

Danach hatte ich zwei Stunden Pause und musste zuschauen, wie Margret gesundheitlich aufgeben musste. Mein Kreislauf war abgesackt und ich musste diesen wieder in Gang bringen. Ein halbes Marzipanbrot, eine kleine Cola und ein lockeres Einspielen mit Marco halfen mir, mich wieder in die Spur zu bringen.

Der Mixwettbewerb stand an. Jetzt waren Silvia und ich gehandicapt. Silvia hatte vor ein paar Tagen einen Unfall und konnte weder laufen noch richtig schlagen. Ich sprach mit ihr und wir einigten uns auf folgende Taktik. Sie sollte den Ball irgendwie über das Netz bringen und ich wollte dann sofort den Punkt machen. Doch die Gegner spielten nicht mit und egal wie viele Punkte ich so machte, es reichte nicht. Mit 1:3, 1:3 und einem 3:1 mussten wir mit der Trostrunde vorliebnehmen.

Ich kann meine Enttäuschung gar nicht beschreiben. Wir waren in der Kategorie 3 an Nummer 1 gesetzt und eine Silvia in normaler gesundheitlicher Form hätte ausgereicht, um um Weltmeisterschaft zu spielen. Das

war der Wettkampf, in dem ich mir die meisten Hoffnungen gemacht habe. Ein Gefühl der Hoffnungslosigkeit machte sich in mir breit.
Die Auslosung der Einzelhauptrunde sagte mir dann auch nichts Positives. Die dort auf mich wartenden Spieler waren alle stärker als ich.

Die Enttäuschung über das Aus im Mixwettbewerb und die Nervosität vor der Hauptrunde im Einzel beendeten um 4 Uhr meine Nacht. Mit meiner Schweizer Partnerin sollte ich nun die Trostrunde spielen. Doch von Trost konnte keine Rede sein. Zu groß war mein Wehmut das von mir gesteckte Ziel nicht erreicht zu haben. Habe ich mir vielleicht zu viel zugemutet? Heute muss ich konzentriert und in Topform antreten. Marco, Margret und Jürgen sind überzeugt, dass ich meine Herausforderer besiegen kann. Ich habe Angst zu versagen. Aber auch ich weiß, wenn ich auch nur annähernd meine Trainingsleistung abrufe, kann ich meine Gegner besiegen.
Es ist jetzt fünf Uhr morgens. Zeit für die erste Tablette. Der Tremor grüßt schon seit mindestens zwei Stunden. An Nummer 2 bin ich in meiner Gruppe gesetzt. Sollte ich nach den Spielen heute Zweiter sein, würde ich im Kampf um die Medaillen mitreden. Der Weg dahin ist aber noch lang und steinig. Eigentlich bin ich es selbst, den ich besiegen muss. Ich muss einfach nur meine Blockade im Kopf überwinden und locker ins Spiel gehen. Ich denke gerade daran, dass ich nicht nur für mich alleine hier spiele. Ich möchte Marco, der immer

fest hinter mir steht, Michaela, die seit kurzem unser Training übernommen hat und den ganzen TTV Hervest Dorsten stolz machen. Mein Wunsch, wenigstens das Halbfinale zu erreichen, ist ein hochgesetztes, aber kein utopisches Ziel. Mit etwas Losglück und Ruhe beim Spielen kann ich dieses Ziel erreichen.

Im Doppel dagegen warten jetzt nur noch Gegner, die ich bisher noch nie besiegen konnte. In diesem Wettbewerb ist Marco als unser Betreuer optimistisch, dass wir hier ein ernst zu nehmender Medaillenkandidat sind. Ich weiß nicht, ob Jürgen als mein Partner dies genauso sieht. Ich hoffe, Marco behält recht. Aber darüber brauche ich mir erst morgen meine Gedanken machen. Natürlich kann ich auf dem Niveau heute gegen jeden meiner Konkurrenten verlieren. Mir ist aber auch klar, ein Michael in Topform kann jeden einzelnen schlagen.

Gestern Abend beim Abendessen im Restaurant kam mir eine gute Idee zugeflogen. Wenn ich im Mixwettbewerb der Kategorie 3 eine Partnerin hätte, die den Ball auf den Tisch bringt, würden wir Weltmeister werden können. Diese Partnerin gibt es für mich, nur weiß sie es noch nicht. Seit etwa einem Jahr spielt Angelika bei uns im Dorstener Stützpunkt und ich nehme mir vor, sie zu fragen, ob sie nicht mit mir im nächsten Jahr das Ziel, Deutscher Meister und oder Weltmeister zu werden angehen möchte. Die Idee stimmt mich optimistisch und zieht mich wieder aus dem Stimmungsloch. Die wenigsten Partner können wie wir jede Woche gemeinsam trainieren. Diesen Vorteil möchte ich nutzen und hoffe Angelika hat auch Lust dazu. Die nächsten German Open finden am 08. Mai 2024 in Nordhorn statt. 90 Kilometer von Dorsten. Ich habe mit diesem Einfall jetzt schon eine lösbare Aufgabe gefunden, die mir Spaß und Lust bereiten wird.

Ich bin froh und stolz, dass meine Frau mich zu dem Turnier in Wels begleitet hat. Doch tut mir auch leid, dass ich nur so wenig Zeit mit ihr zusammen hier verbringe. Gestern war sie mit Samu in der Halle und konnte zumindest den Sieg unseres letzten Gruppenspiels im Mixwettbewerb verfolgen.
Da mir mein Gefühl sagt, dass ich Samstag nicht mehr dabei sein werde, habe ich für Samstagmorgen eine Thaimassage gebucht. Ich kann dann einfach nicht in der Halle sein und zuschauen, wie die anderen Spieler die Medaillen unter sich ausmachen. Einzige Ausnahme wäre die, wenn Jürgen ins Finale einziehen würde. Dann schaue ich natürlich daumendrückend zu.
Doch ich überwand mich dann und drückte meinen Freund Theo uns seiner Partnerin aus Dülmen in ihrem gewonnenen Trostrundenfinale die Daumen.

Gestern Abend trug ich mal wieder ein von mir geschriebenes Gedicht nach dem Abendessen vor. Ich hoffe meinen Anhang damit nicht gelangweilt zu haben. Hier für alle zum Mitlesen.

Der Feind kam heimlich und leise zu mir in meinem Kopf.
Er war unverschämt und hat noch nicht einmal an der Tür geklopft.
Ruhig und still hat er sich anfangs verhalten,
nur um später seine Gemeinheiten zu gestalten.
Verschwinden wird er in meinem Leben nicht mehr,
ich vermisse die Zeit ohne ihn so sehr.
Steif und unbeweglich lässt er mich erscheinen, so ist er eben und die Seinen.
Tremor und Rigor nennt er seine Begleiter, doch ich kämpfe gegen sie immer weiter. Besiegen kann ich ihn niemals können, doch kampflos werde ich ihm das Feld auch nicht gönnen.
So ziehen die Jahre schnell dahin und ich frage mich manchmal, was macht das alles noch für einen Sinn.
Doch Aufgeben ist keine wirkliche Alternative,
Parkinson irgendwann zu heilen unsere Devise.

Das Zweite lautet so.

Unbeschwert bleibt mir verwehrt
Ich war so frei und unbeschwert,
doch es kam die Zeit, da lief irgendwas verkehrt.
Genossen habe ich mein Leben,
bis es kam, dass große Beben.
Seitdem von Lebensqualität keine Zeichen mehr,
oh wie ich es vermisse, doch so sehr.
Angefangen hat es mit leichtem Zittern,
ich konnte es sofort wittern.
Gefangen bin ich in seinen Klauen,
meine Freude will er mir täglich klauen.
Hat er erst einmal Besitz ergriffen,
nie mehr werden wir ihn loswerden, egal wie sehr wir
bitten.
Jeden Morgen lässt er mich grüßen,
steif und schmerzhaft lässt er mich für meine Sünden
büßen.
Den ganzen Tag macht er sich bemerkbar,
ich denke oft zurück, wie es war als er noch nicht da
war.
Die Hoffnung, ihn jemals wieder loszuwerden,
ist gestorben, bis wir selber sterben.
Warum ist das Schicksal so gemein?
Das kann doch nicht wirklich alles wahr sein.
Unbeschwert bleibt mir verwehrt,
mein Leben er weiterhin erschwert.
Niemand weiß, woher er kam,
zu leben fällt mir seit dem so schwer.

Er ist ein nehmender Parasit,
stiehlt mir den Lebenssaft, sodass es jeder sieht.
Morbus Tremor ist sein Name,
Parkinsonsymptome seine Gabe.

Das Schreiben bringt mich auf andere Gedanken und beruhigt mich ein wenig. Zurzeit arbeitete ich an einem neuen Manuskript über Frauen und Männer. Es soll ein satirisches Buch, das dem Leser ein Lächeln ins Gesicht zaubert werden. Das Ziel, es bis Weihnachten zu veröffentlichen, das werde ich aber nicht schaffen. Ich weiß auch noch nicht, was ich mit diesem Bericht oder Tageseintragungen machen werde. Bleibt es einfach nur ein Eintrag für die Homepage vom TTV oder reicht das Geschriebene aus, um es als Lektüre zu veröffentlichen? Wir werden sehen. Jetzt muss ich an Lea, die so oft mit mir trainiert hat, denken. Sie hat mich nämlich gefragt, ob ich wieder ein Buch über die PingPongParkinson-Weltmeisterschaft schreiben werde. Lass dich einfach überraschen Lea.

Ich sitze als erster beim Frühstück und unterhalte mich mit einigen anderen PingPongParkinson WM-Teilnehmern. Mit vollem Bauch ging es dann mit Marco zu Fuß zur Messehalle. Dabei erwähnte ich, dass es heute in der Hauptgruppe nur einen Gegner gibt, der mich schlagen kann. Marco schaute mich fragend an und ich sprach weiter. Der Gegner bin ich selbst. Nur ich selbst würde mich schlagen können. Oh mein Gott, wenn ich auch nur ein wenig geahnt hätte, wie recht ich behalten sollte. Alfred Hitchcock hätte nicht besser Regie führen können.

Aber zuerst zu Jürgen, der in seiner Hauptrunde alle 5 Spiele gewann und seine Gegner deklassierte. Etwas anders lief es bei mir. Ich war als Zweiter in meiner Gruppe dran und stand meinem deutschen Gegner nervös gegenüber. Doch vom ersten Ball an dominierte ich mit bestem Tischtennis meinen Gegner. Satz eins ging mit 11:3 und der Zweite mi 11:5 an mich. Das Spiel war durch, dachte ich. Doch nach einem 9:11 und 6:11 lag ich im fünften Satz plötzlich 1:5 hinten und ein sicher geglaubter Sieg verwandelte sich in eine schreckliche Niederlage. Nach dem Seitenwechsel konnte ich jedoch den Rückstand in eine 10:7 Führung ausbauen und sah zum zweiten Mal als Sieger aus. Es lief aber leider wieder nicht, wie ich gedacht hatte. Ich verschenkte alle Matchbälle an den Gegner und verlor 10:12.

Ich konnte es nicht glauben, was mir gerade passiert war. Ein wahrer Albtraum wurde Wirklichkeit. Ich musste raus aus der Halle und rannte mit Tränen in den Augen dem Ausgang entgegen. Die Wut und die Enttäuschung über mich selbst schien kurz vor der Explosion.

Eine gute Stunde später musste ich gegen einen Spieler aus Ungarn ran und stand mächtig unter Druck. Mit seinen sehr angeschnittenen Aufschlägen gewann er den ersten Satz mit 11:6. Doch ich wusste jetzt, wie ich meinen Gegner besiegen konnte. 11:5, 11:5 und 11:7 gingen die nächsten Sätze und der Sieg an mich. Ich war wieder im Spiel.

Mein dritter Gegner war ein alter Bekannter. Ladislaw aus Slowenien und ich standen uns in Pula schon mal gegenüber. Alle beide zeigten wir den Zuschauern Tischtennis, der an Spannung kaum noch zu überbieten war. Nach dem Spiel bekamen wir Standing Ovation. Doch der Sieg ging leider an den Slowenen. Ich verlor mit 9:11, 17:15, 9:11 und 3:11.

Um sicher die nächste Runde zu erreichen, musste ich jetzt beide Spiele gewinnen.

Der Druck schien mich zu erdrücken.

Ein riesiger Pole stand an der anderen Seite des Tisches und wartete ungeduldig auf mich. Und wieder durften sich die Zuschauer auf ein spannendes Match freuen. Satz eins ging mit 3:11 verloren. 11:7 und 11:9 die nächsten beiden an mich. Der vierte Satz wieder 11:9 für den Polen. 2:2 und nun? Ich musste gewinnen und zerbrach an die eigenen Erwartungen. 4:11 gegen mich. Gutes Tischtennis gespielt und ausgeschieden, dachte ich. Doch es kam anders als gedacht. Die Spielergebnisse gaben mir noch die Chance, in unserer Gruppe den dritten Platz zu belegen und somit den Einzug in die KO-Runde zu erreichen.

Mein letzter Gegner ist ein Bekannter aus Oberhausen. Ede hat mich im letzten Mai noch aus den German Open geworfen. Er gewann damals im 5. Satz. Ich hatte ein wenig Angst und der erste Satz mit 11:6 an ihm. Sein Anhang jubelte und ich grübelte.

Doch ich kam zurück und kämpfte mich nach einem 0:4 Rückstand im zweiten Satz heran. 11:9 und 12:10

gingen die beiden nächsten Sätze an mich. Mein Selbstbewusstsein stieg mit jedem Schlag weiter an, während er immer mehr mit sich zweifelte. Zum Schluss gewann ich 11:7 und somit das Spiel mit 3:1. Das wirkliche Wunder war dann, dass dieser Sieg doch noch ausreichte, um in die KO-Runde einzuziehen. Ich hatte den bisher größten Erfolg meiner Tischtenniskarriere erreicht.

Nach den langen Spielen gab Ladislaw mir noch ein Bier aus. Er schaute sich alle meine Spiele an und blieb die ganze Zeit in meiner Nähe. Sogar der slowenische Trainer, den ich noch vom letzten Jahr aus Pula kannte, gab mir wertvolle Tipps. Ja, so ist PingPongParkinson eben, eine große internationale Familie. Es war zudem auch schön, endlich die Anerkennung der anderen Teilnehmer, Betreuer und Zuschauer zu bekommen. Dafür habe ich fast 2 Jahre trainiert. Endlich spiele ich Tischtennis und kein Ping Pong mehr.

Der Tag begann mit einer Schweigeminute. Mein Vorrundengegner aus Italien ist unerwartet und plötzlich in der Nacht zuvor verstorben. Niemand hatte so etwas kommen gesehen. Da spielt der Sport plötzlich keine wirkliche Rolle mehr. Ich selbst habe schon bei unserem Spiel erkannt, dass er sich nicht so gut bewegen konnte und nutzte sein Defizit eiskalt aus. Ich spielte die Bälle so auf den Tisch, dass er durch seine Unbeweglichkeit nicht mehr reagieren konnte. Jetzt schäme ich mich dafür ein wenig. Aber woher sollte ich wissen, dass er zwei Tage später nicht mehr unter den Lebenden weilt?

Das war schon eine kleine Tragödie. Man wir wollten doch einfach nur die besten unter uns PingPongParkinson-Spieler ausspielen, Spaß haben und niemanden begraben. Doch das Turnier musste und ging weiter.

Das Spiel im 16.er Finale gewann ich sehr eindrucksvoll mit 11:3, 11:5, 6:11 und 11:7 gegen einen deutschen Landsmann.
Jetzt machte ich mir plötzlich doch ein wenig Hoffnung auf eine Medaille. Doch der Tag fing schon schlecht an. Jürgen und ich mussten im Doppel gegen zwei Konkurrenten aus Tschechien ran und vergeigten als eigentliche Mitfavoriten sang und klanglos mit 9:11, 9:11 und 6:11. Das Schlimmste an dieser nicht einkalkulierten Niederlage war nicht, dass die Tschechen besser waren, sondern dass wir nicht gegen die Niederlage angekämpft haben. Am meisten schäme ich mich, Marco so enttäuscht zu haben.
Aber ich wollte diese Schmach durch ein Weiterkommen im Einzelwettbewerb wieder tilgen. Mein Gegner, ein älterer Kroate, sollte für mich, da ich mit breiter Brust antrat, kein Problem werden.
So hatte ich gedacht. Jürgen spielte parallel gegen einen Brasilianer. Er ging mit 10:0 Siegen ins Spiel und galt als Favorit. Doch zwischen meinen eigenen Sätzen machte mich Macro auf Jürgens 2:3 Niederlage aufmerksam. Ich konnte es kaum glauben. Mit fünf Medaillen sind wir im letzten Jahr aus Kroatien nach Hause gekommen und nun sollte es kein einziges

Edelmetall werden?

Ich musste jetzt gewinnen und versuchte in meinem Spiel noch einmal den 3:11 Rückstand aufzuholen. Doch immer wenn ich mit meinem Spiel punktete, schlug der Kroate zurück. Ich verlor auch den zweiten Satz und stellte mich mental auf ein 5-Satz Match ein. Doch mehr als sieben Punkte erlaubte mir mein Gegner nicht und am Ende verlor ich auch den dritten Satz mit 7:11. Aus und vorbei. Knallhart und brutal bin ich auf dem Boden der Tatsachen gelandet.

Ich wollte unbedingt am letzten Tag noch dabei sein und hatte nur noch die Möglichkeit, dies in der Trostrunde des Mixwettbewerb.

Das entscheidende Spiel gegen ein Pärchen aus Tschechien war das letzte angesetzte Match an diesem Tag. Um 18 Uhr setzten wir die erste Angabe auf den Tischtennistisch. Seit 9 Uhr war ich in der Halle und fühlte mich müde und abgeschlafft. Sylvia konnte sich durch ihren Unfall in der Woche zuvor noch immer nicht richtig bewegen. Ein enormer Nachteil für uns. Doch unsere Taktik ging auf und ich punktete direkt mit meinen ersten Schlägen. Wir führten schnell 2:0 in Sätzen.

Doch dann spielten unsere Gegner meiner Ansicht unfair. Riefen und diskutierten bei und nach den Ballwechseln mit uns und dem Schiedsrichter. Wir waren aus dem Konzept gebracht worden und es stand plötzlich nur noch 1:2.

Als dies dann weiterging, riefen wir den Oberschiedsrichter, der dann auch das Spiel bis zum

Ende leitend beobachtete. Die Tschechen waren plötzlich still und wir gewannen den 3. Satz und somit das Spiel. Wir waren im Halbfinale der Trostrunde und durften Samstagmorgen noch einmal antreten. Völlig erschöpft von dem langen Tag nahm ich den Heimweg zum Hotel in Angriff. Ich brauchte eine Dusche und etwas zu Essen.

Beim Abendessen saßen wir dann auch mit meinem Bekannten Theo und seiner Partnerin Anita zusammen. Sie sollten am nächsten Morgen unsere Halbfinalgegner sein.

Theo ist ein prima Kerl und ehrgeiziger Sportsmann. Ich lernte ihn vor guten anderthalb Jahren im Dülmener PingPongParkinson Stützpunkt kennen. Wir trainieren seit dieser Zeit ab und zu mal gemeinsam. Theo und ich führen ein freundschaftliches Verhältnis. Doch am nächsten Tag werden wir für 3 Gewinnsätze sportliche Gegner sein.

Ich fragte mich am Abend vor unserem Duell, wie ich gegen das Paar mit meiner Partnerin gewinnen könnte. Da Silvia durch ihren Sturz nahezu unbeweglich mit ihren Beinen und ihren Armen war, hatten wir eigentlich keine Chance, doch diese wollten wir nutzen. Ich wollte probieren, jeden Ball, den die Gegner auf meine Seite des Tisches spielten, mit meiner Vorhand fest und unerreichbar zurückzuspielen.

Am nächsten Morgen saß ich alleine beim Frühstück.
Von den Dorstenern nichts zu sehen. Chris, ein Spieler
aus Flensburg, leistete mir Gesellschaft und wir
frühstückten über eine Stunde zusammen.

Als ich dann ins Hotelzimmer ging, war noch immer
niemand aus meinem Team zum Frühstück gekommen.
Das hieß, ich musste mich alleine auf den Weg zur Halle
machen.

Wie immer wurden dort viele Hände geschüttelt und
Glückwünsche ausgesprochen.

Die Tische waren alle schon belegt, als ich zum
Einspielen nach einem Partner Ausschau hielt. Am
vorletzten Tisch winkte mir dann Thorsten zu. Der
Deutsche, gegen den ich in der Hauptrunde drei
Matchbälle vergeben hatte und eine 2:0 Satzführung
noch aus der Hand gab. Wir verstanden uns trotzdem
und ich durfte mich einspielen. Meine Schläge saßen
und ich hatte ein gutes Gefühl. Kurz danach stieß Silvia
zu uns und wir schlugen ein paar Bälle gemeinsam.
Doch die Verletzungen und ihr Parkinson ließen nicht
viel zu.

Unsere Chancen sanken gerade zu auf Null zu.

Beim Aufeinandertreffen nutzte wir fast alle
Möglichkeiten, die wir bekamen, doch 22 Punkte
reichten nicht. Wir verloren 7:11, 8:11 und 7:11. Theo
und Anita gewannen die Trostrunde und ich ging auch
in diesem Wettbewerb leer aus.

Am Ende hatte ich wie in Pula im Jahr zuvor auch ein
wenig Losglück. Außer den späteren Weltmeister aus
Kroatien traute ich mir zu, gegen jeden anderen zu

gewinnen. Wäre ich erst im Halbfinale oder Finale auf ihn gestoßen, hätte ich eine Riesenchance gehabt, mit Edelmetall nach Hause zu kommen. Aber das Leben ist kein Wunschkonzert und ich traf schon im Achtelfinale auf den ungeschlagenen späteren Weltmeister der Kategorie 3.

Ja, dieser Mann wurde tatsächlich mit 54 Jahren Tischtenniserfahrungen und vielen heimischen Erfolgen in die Kategorie 3 eingeteilt. Ich frage mich nur, welches Maß die Offiziellen dabei nahmen. Wie kann ich denn dann mit noch nicht einmal 2 Jahren Tischtennispraxis gegen solch einen Spieler bestehen? Das ganze riecht auch etwas komisch. Wie kann jemand, der auf dem letzten Platz gesetzt ist, im Doppel der Kategorie 2 Weltmeister werden? Es ist nicht so, dass ich irgendjemandem seinen Erfolg nicht gönne, ich auch noch mit meiner frischen Enttäuschung diese Sätze schreibe, aber wo bitte bleibt die Neutralität und Fairness den anderen ehrlichen Spielern gegenüber? Auch im letzten Jahr marschierte der Weltmeister der Kategorie 3 mit über 60 Jahren Tischtenniserfahrung ungeschlagen durch das Turnier. Genau dieser Spieler schaffte es in diesem Jahr wieder ins Finale, aber in Kategorie 2. Böses dem, der dabei Schlechtes denkt. Nur der Spruch ehrlich währt am längsten, ist hier generalüberholt. Diese letzten Sätze sind nicht nur von meinem Gedanken abgeleitet. Viele Teilnehmer der PingPongParkinson-Weltmeisterschaft fragten mich das. Es gab im Vorfeld auch schon genügend Beschwerden und es wurden die Punkte für die nächsthöhere

Kategorie aufgestockt. So rutschten einige Spieler in eine Kategorie tiefer und spielten um Medaillen mit. Aber es wurden nicht alle Teilnehmer berücksichtigt, einige blieben trotz der Neubewertung zu unrecht in der höheren Kategorie. Meine Worte werden jetzt bei den Verantwortlichen sicherlich auf wenig Gegenliebe treffen, doch müssen sie sich auch deswegen hinterfragen.

In Pula glaube ich, starteten 165 Teilnehmer. In der Vorrunde gab es Viergruppen, also 3 Spiele. Dort wurde entschieden, ob der Spieler die KO-Runde erreicht hatte oder in die Trostrunde weiter spielen musste. Ich meine, bei sieben Spielen und Siegen stand man im Finale als Weltmeister fest. 7 Spiele im Einzel ist für einen Parki noch zu stemmen.

In Wels waren 290 Teilnehmer angemeldet und es wurde eine Vorrunde mit sechser Gruppen und danach eine Hauptrunde in sechser Gruppen gespielt. Das bedeutet, die Spieler, die die KO-Runde erreichten, hatten schon zehn Spiele hinter sich. Mit dem Finale kommen noch einmal 5 Aufeinandertreffen dazu, insgesamt also 15 Spiele. Das sind eindeutig zu viele Spiele und könnte Einfluss auf die Gesundheit aller Teilnehmer nehmen. Bei den meisten kommen die Doppel- und die Mixbegegnungen noch dazu. Zeit zum Erholen gibt es nicht wirklich. Das Turnier bzw. die zukünftigen Turniere müssen von der Teilnehmerzahl reduziert werden. Die Grenze der Teilnehmenden sollte bei maximal 200 liegen.

Trotz der unwahrscheinlichen Größe des

Teilnehmerfeldes hatten die österreichischen Gastgeber das Turnier perfekt geplant und was wichtiger war, auch sehr gut organisiert und durchgeführt. Hierzu muss ich nach meiner konstruktiven Kritik ein kräftiges Lob aussprechen und mich im Namen der Teilnehmer bedanken. Das kostenlose Obst, das den Spielern zur Verfügung gestellt wurde, ist ein prima Beispiel auch zwischen den Spielen an die Teilnehmer zu denken. Doch die Preise der nichtalkoholischen Getränke waren mit 3.99 € für eine Halbliterflasche Cola definitiv zu hoch.

Doch das sollte jetzt von meiner Seite alles an Lob und Kritik sein.

Von Anfang an hatte ich ein gutes Gefühl, eine ansprechende Weltmeisterschaft zu spielen. Ich überstand die ersten 5 Spiele der Vorrunde ohne Niederlage und fuhr dabei 5 Siege ein. Mit 15:2 Sätzen wurde ich dann in der Hauptrunde in meiner Gruppe an zweiter Stelle gesetzt. 5 Siege an einem Stück kannte ich bis Wels noch nicht. Es war ein schönes Gefühl. Dazu möchte ich hier noch einmal der Familie des verstorbenen Italieners mein herzliches Beileid aussprechen.

Meine Hauptrunde war dann vom Spiel her auch sehr gut, nur die Ergebnisse passten nicht richtig. Ich war in keinen Match wirklich schlechter als mein Gegenüber. Sätze, die ich mit 9:11 verlor oder Spiele im 5.Satz zu verlieren sagen ja auch aus, dass es verdammt knapp ausging und der Glücklichere gewonnen hatte.

Trotzdem war meine Leistung endlich auch bei einem Turnier gut und mit 11:11 Sätzen erreichte ich noch die KO-Runde. Ich hatte mein selbst gestecktes Ziel erreicht. Noch nie zuvor war ich so weit gekommen. Jetzt hoffte ich plötzlich vielleicht noch eine Runde weiter zu kommen und durch ein ungefährdetes 3:1 erfüllte sich diese Hoffnung auch. Ich musste noch 2 Siege einfahren und eine Medaille wäre sicher. Ich durfte kurz von einer Sensation träumen. Doch jetzt rächte sich das erste Spiel der Hauptrunde. Durch diesen von mir verspielten Sieg, ich erinnere an die 2:0 Führung und den drei vergebenen Matchbällen erreichte ich den dritten Tabellenplatz und musste nun gegen einen mir unbekannten Kroaten spielen. Ich bin fest überzeugt, dass ich jeden anderen noch teilnehmenden Spieler mehr Gegenwehr geboten hätte als den späteren Weltmeister aus Kroatien. Er war einfach zu stark. Jeden seiner Gegner deklassierte er nach Belieben. Leider musste ich gegen ihn schon im Achtelfinale antreten und nicht zwei Runden später. Der liebe Gott meinte es dann auch nicht gut mit mir und mein Traum zerplatzte wie eine Seifenblase. Nach der Niederlage trotz meines unermüdlichen Kampfes konnte ich anfangs gar nicht begreifen, dass das Turnier für mich beendet war. Ich bot den Zuschauern und sehr zum Leidwesen meines Betreuers Marco in jedem Spiel mein bestes Tischtennis und Spannung an. Ich stand nach dem Achtelfinale, mein 12. Einzel, mit leeren Händen da. Was mir blieb, war das Wissen, endlich meine Trainingsleistung im Spiel umsetzen zu können und noch schöner ist, der Lob der Gegner und Zuschauer. Trotzdem war ich der wehrlosen Ohnmacht nahe. Meine Augen füllten sich mit Tränen. Doch diese Tränen waren keine Glückstränen der Freude wie zwei Tage zuvor, als ich meine Frau anrief und ihr über meinen Einzug in die KO-Runde berichtete, sondern Tränen des Unglücks und der Verzweiflung.

Alle Aufmunterungen und Schulterklopfer, die ich wegen meiner Leistung bei diesem Turnier bekam, konnten mich nicht über meine Enttäuschung hinweg trösten.

Ich war dieses Mal sehr nahe dran, um die Weltmeisterschaft mitzuspielen, doch es sollte anscheinend nicht sein. Bisher verhindern höhere Mächte mich davor zu gewinnen oder bin ich es selbst, der den letzten Schritt nicht macht und immer verliert, wenn es entscheidend wird?

Ich versuche es im nächsten Jahr wieder und werde noch mehr und intensiver trainieren. Ich möchte unbedingt eine Medaille gewinnen und werde alles dafür tun, damit mir dieser Traum erfüllt wird.

Beim letzten Training vor der Weltmeisterschaft hat Michaela, unsere Trainerin noch zu mir gesagt, ich sollte keine Angst haben und spielen wie im Training. Zumindest kann ich ihr jetzt sagen, dass ich ihren Rat in die Tat umgesetzt und Erfolg hatte.

Langsam löst sich die Enttäuschung in mir auf und ich motiviere mich, es beim nächsten Mal noch etwas besser zu machen. Doch jetzt steht erst einmal in einigen Tagen der heimische Deutschland-Cup auf. Ich freue mich, sieben der Top 10 Spieler aus Deutschland bei unserem Turnier begrüßen zu dürfen. Vielleicht lenkt mich die Vorbereitung etwas von dem Frust aus Österreich ab. Ich freue mich aber auch schon, mich mit Angelika, meiner neuen Partnerin auf die German Open im Mai nächsten Jahres vorzubereiten und einzuspielen. Diese Idee von mir, mit ihr ein Mixteam zu bilden, hat fruchtbare Wurzeln und verspricht endlich erfolgreich bei einer großen Meisterschaft zu sein. Wir beide hätten eine gemeinsame Tischtenniszukunft, denn unser Vorteil, jedes Training zusammen zu spielen, haben die meisten anderen Paare nicht. Dazu kommt noch, dass wir beide noch riesige Fortschritte in unserer Technik und unserem Spiel erreichen können.

Beim letzten Abendessen in Wels schworen Jürgen und ich uns neu ein. Trotz der Enttäuschung am Freitag geben wir nicht auf. Im nächsten Jahr wollen wir erneut gemeinsam nach der angestrebten Medaille greifen. Dazu müssen wir aber spieltechnisch und vor allem mental stärker werden. Was uns ein wenig fehlt, ist das Herankämpfen bei Rückständen. Für diesen Traum arbeiten wir hart und kämpfen uns auch aus dem Tal der Tränen und Schmerzen hinaus. Im Doppel ist immer mit uns zu rechnen und bei unserem nächsten Start bei einer Weltmeisterschaft möchte ich mich nicht mehr verrechnen. Irgendwann einmal Gold um den Hals gehängt bekommen ist mein größter Wunsch und das möchte ich durch ehrliches Tischtennisspielen erreichen und nicht durch Absprachen der Besten untereinander miteinander zu spielen. Wenn sich ein Spieler der Kategorie 2 oder 3 mit einem Spieler der Kategorie 1 zusammenschließt, sollte dieser Spieler auch in Kauf nehmen, in Kategorie 1 zu spielen. Rückt ein Spieler der Kategorie 1 im Doppel herunter und spielt in Kategorie 2, ist das unfair gegenüber einem Doppelpaar aus den Kategorien 2 und 3. Dieses sollte zum Wohl aller Teilnehmer gerechter eingeteilt werden. Denn mit Sicherheit wird immer ein Spieler der Kategorie 1 im Doppel der Kategorie 2 das Spiel und Turnier gewinnen. PingPongParkinson sollte gerade als Selbsthilfegruppe für Fairness stehen und nicht durch undurchschaubare Einteilungen bei den anderen Mitgliedern Unruhe und Unzufriedenheit auslösen.

Unser Vorsitzender in Nordhorn hat sich diesem Problem aber schon angenommen und sammelt viele Ideen und Vorschläge der PPP-Mitglieder, um in Zukunft besser aufgestellt zu sein.

Ich glaube, es war der dritte Tag und ich ging alleine früh zum Frühstück. Dort, im Speisezimmer des Hotels saß eine andere Teilnehmerin des Turniers. Ich wünschte ihr einen schönen guten Morgen und wir stellten uns vor. Andrea kam aus dem Fichtelgebirge auf der bayrischen Seite. Es war ihr erstes Turnier und sie war ganz alleine die Reise nach Oberösterreich angetreten.

Am späteren Abend saß sie dann ach bei uns am Tisch und wir unterhielten uns über Gott und die Welt. Plötzlich fragte sie mich nach dem Aufbau eines Stützpunktes. Jetzt bin ich zwar für NRW zuständig, nicht aber für das Fichtelgebirge. Trotzdem versprach ich ihr zu helfen und ging ihren Wunsch, einen Stützpunkt in ihrer Heimat zu eröffnen, nach, indem ich ihre Anfrage an den zuständigen Landesleiter weitergab. Doch dann ließ sie einen los, der wie eine Explosion auf mich wirkte. Hinter uns einen Tisch weiter saß der Vorstand PingPongParkinson Deutschland und speiste. Andrea verriet mir, dass sie sich bei der Parkinson WM des Internationalen Tischtennisverband auf Kreta angemeldet hat. Ich zeigte ihr sofort an, nichts mehr darüber zu sagen und drehte mich zum Vorstand um. Anscheinend hatte niemand von denen etwas gehört. Ich klärte sie dann über die Meinungsverschiedenheiten des Internationalen Tischtennisverbandes und PingPongParkinson auf.

Am vorletzten Tag, ich war gerade aus allen Wettbewerben ausgeschieden, saß ich enttäuscht auf der Tribüne der Halle, als Yurie plötzlich vor mir stand. Jetzt ist das so mit unserer Kommunikation. Sie spricht nur japanisch und ich verstehe kein Wort. Spreche ich dann englisch mit ihr, schaut sie mich immer mit großen Augen fragend an. Doch zum Glück gibt es Smartphones und Übersetzungsprogramme. Sie spricht also in ihr Handy und ich kann die deutsche Übersetzung lesen. Dann spreche ich meinen Text in deutsch in ihr Mobilephone und sie sieht das von mir Gesprochene in Japanisch.

Von ganz alleine sprach sie das Thema Mixteam an. Sie sagte, dass sie noch nie Doppel gespielt hätte. Da sie sich am Tischtennistisch nicht richtig bewegen kann, hat sie Angst, mit mir zu spielen. Ich versuchte ihr die Angst zu nehmen, indem ich beruhigend mit ihr sprach. Ich bin überzeugt davon, mit ihr den Mixwettbewerb in der Kategorie 2 oder 3 gewinnen zu können. Am Ende unserer Unterhaltung verabschiedeten wir uns mit dem Versprechen, über E-Mail in Kontakt zu bleiben. Yurie war zur Überraschung aller gegen unsere Silke im Achtelfinale ausgeschieden und das Turnier für sie damit beendet.

Im deutschen PingPongParkinson-Team gibt es leider eine gefühlte Zweiklassengesellschaft. Da sind auf der einen Seite die Spieler der Kategorie 1, die Nordhorner und die Gründungsmitglieder. Auf der gegenüberliegenden Seite sind die anderen Mitglieder zu finden. Viele von ihnen reisen alleine an und manche von ihnen wirken erschöpft und orientierungslos. Wer kümmert sich in der doch langen Zeit des Turniers um sie?

Trotzdem gibt es auch tolle Leute in der Nordhorner Gruppe. Einer davon ist Holger. Holger stand oft bei meinen Spielen hinter der Bande und schaute sich das Match von mir an. Wertvolle Tipps hatte er auch immer für mich parat. Holger sah Samu, unseren Akita und schloss ihn sofort in sein Herz. Toller Typ der Holger. Der zweite Nordhorner, der in Ordnung ist, heißt Frank. Frank ist immer als Coach dabei und auch er schaute sich von mir Spiele an und gratulierte immer anständig und ehrlich. Heikes Mann, der sie wie fast immer begleitete, möchte ich nicht vergessen zu erwähnen. Wenn ich hier an dieser Stelle jemanden lobe, darf ich meine Frau nicht vergessen. Sie begleitete mich nach Wels und langweilte sich allein gelassen die ganze Woche. Es tut mir echt leid, nicht mehr Zeit mit ihr in Oberösterreich verbracht zu haben. Da ich in 4 Tagen 20 Spiele absolvieren musste, war mein Energiepegel auf Reserve. Müde und erschöpft quälte ich mich dann zum Duschen und zum Abendessen. Die Müdigkeit scheint sowieso wieder langsam Besitz über mich zu ergreifen. Beim Zugucken einiger Spiele schlief ich genauso ein wie bei der Unterhaltung im Café gegenüber unseres Hotels mit Bea.

Ich verzichtete dann am Samstag auf das Zuschauen der Finalspiele und verbrachte die Zeit mit meiner Frau. Gemeinsam gönnten wir uns ein Eis und bummelten durch die wunderschöne Altstadt von Wels.

Wels ist mit knapp 65000 Einwohnern nach Linz die zweitgrößte Stadt in Oberösterreich. Seit ihrem Bestehen hatte Wels zwei Blütezeiten. Durch den Fluss Traun siedelten sich die Römer an diesem strategisch wichtigen Standort an. Aber auch im Mittelalter erlebte die Stadt eine Blütezeit. Mit Handel wurde Wels reich und das kann man heute noch an die vielen Gebäude erkennen. Heute erlangt Wels als Messestadt einen guten Ruf und öffnet so der Welt das Tor zu ihrem Inneren.

Schon in der Steinzeit 3000 v. Chr. war Wels besiedelt. Archäologische Fundstücke belegen das. Um die 100 v. Chr. ließen sich die Kelten hier nieder und gaben Wels seinen Namen.

In den ersten Jahrhunderten n. Chr. wurde Wels von den Germanen oft überfallen. Sogar der große Hunnenanführer Kahn Attila eroberte die Stadt. Die Landwirtschaft, der Grenzhandel, die Ziegelherstellung und das Töpfern waren die wirtschaftlichen Grundlagen in der Antike der Stadt.

In der Neuzeit trifft man sich am Abend in den Gassen der Altstadt und besucht eines der vielen Cafés oder Gaststätten. Wels ist eine interessante alte Stadt, gemischt mit dem Charme der Moderne. Nach dem Sonnenuntergang erobern die Jugendlichen und jungen Erwachsenen die Gassen, um zu feiern und sich zu amüsieren.

In der Hauptrunde traf ich ja wie schon beschrieben den Slowenen Ladislaw wieder. Da wir uns sympathisch waren, trafen wir uns während der Spielpausen öfter und unterhielten uns. Vlad wie er gerufen wird, zeigte mir Fotos und Videos seiner zwei Töchter. Beide waren wie er sehr musikalisch und hatten eine schöne, klare Stimme. Die Musikvideos waren von professioneller Herkunft und ich sagte Vlad, dass ich auch Musiktexte geschrieben habe und wir vereinbarten, dass ich ihm und seiner Tochter einige von meinen Texten schicken werde. Übrigens ist er auch im Achtelfinale gescheitert, obwohl er unsere Hauptrunde ohne Niederlage dominiert hatte.

Das Gefühl der Ohnmacht hatte er also genauso wie ich kennengelernt. Man denkt einfach nur, es wäre ein böser Traum und man würde gleich aufwachen. Doch dem ist nicht so. Unser Ausscheiden war die nackte Realität und ließ sich nicht mehr korrigieren.

Es war aus und vorbei endgültig. Es war furchtbar für mich, dieses Ausscheiden zu verarbeiten. Ich wollte so gerne am Finaltag noch dabei sein und sollte jetzt zuschauen, wie die Medaillen ohne mich ausgespielt werden. Viele Teilnehmer, die noch im Turnier waren, hatte ich geschlagen, doch hatten sie sich im Mixteam oder im Doppel besser als ich durch die Runden gespielt und waren zu Recht bei der Medaillenvergabe dabei. Es war dann der Zeitpunkt gekommen, als ich nicht mehr hinschauen konnte. Zu frisch war mein Versagen und mein Ausscheiden. Es tat mir zu weh und ich verließ die Halle der Entscheidungen.

Vier Tage bin ich jetzt wieder zu Hause. So langsam verdränge ich die Enttäuschung, keine Medaille geholt zu haben. Mit meiner Leistung bei der Weltmeisterschaft bin ich aber nicht unzufrieden und deshalb ist mein Motivationspegel sehr hoch. Ich setze mir das Ziel, bei der nächsten Weltmeisterschaft erfolgreicher abzuschließen. Eine Frage bleibt. Wo findet die nächste PingPongParkinson-Weltmeisterschaft statt? Gerüchten zu folgen ist Paris oder die USA im Gespräch. Die USA wären mein Favorit. Doch zuerst muss ich auch dabei sein. Es kann ja so nicht weitergehen, dass jeder, der sich als erstes anmeldet, starten kann. Es werden einfach zu viele Parkis bei diesen Meisterschaften. Die Rede ist von Qualifikationsturnieren, die wir dann vorher bestreiten müssten.

Das Rad der Zeit dreht sich immer weiter und auch wir bei PingPongParkinson müssen uns den gegebenen Umständen anpassen.

Meine Freude mit Angelika vielleicht die Mix-Partnerin gefunden zu haben, die ich mir immer gewünscht habe, spornt mich zusätzlich an. Ich weiß, dass ich mit ihr in Wels um die Weltmeisterschaft der Kategorie 3 gespielt hätte. Von meiner Leistung her war das Turnier in Oberösterreich ein Riesenschritt nach vorne. Endlich konnte ich spielen wie beim Training. Jetzt muss ich nur noch meine Nervosität reduzieren, an meiner Konzentration arbeiten und in einem 5. Satz nicht immer einbrechen.

Dazu werde ich versuchen, meinen Aufschlag zu

verbessern. Wenn ich dann daran denke, mein Handgelenk bei meinen Schlägen jedes Mal einzusetzen, dann werde ich im nächsten PPP-Turnier für meine Gegenspieler sehr unangenehm zu spielen sein.

Am vorletzten Turniertag spielte ich mich mit dem Slowenen Marjan ein. Marjan war der Spieler, der mich in Pula mit 5:11, 5:11 und noch einmal 5:11 aus dem Turnier warf. Ich erinnere mich an seine sehr schwer anzunehmenden Angaben. Mit sehr viel Schnitt brachte er sie damals zu meiner Verzweiflung auf den Tisch. Er wurde damals in meiner Kategorie Weltmeister. Dieses Mal musste er in der Kategorie 2 ran und verlor zum ersten Mal ein Spiel. Es war das Finale und er kann sich deshalb „nur „ Vizeweltmeister nennen.

Also Marjan und ich trainierten miteinander und ich brachte seine Schläge gut zurück. Viel besser als noch im Jahr zuvor. Ich werde ihn noch immer nicht besiegen können, doch so einfach wie in Istrien würde er mich nicht mehr abservieren. Erst jetzt habe ich erkannt, was mir beim TTV-Hervest-Dorsten alle sagen. Ich hätte einen großen Schritt nach vorne gemacht. Ich freue mich über diese motivierenden Komplimente und verspreche allen, die an mich glauben, immer mein Bestes zu geben, damit der TTV irgendwann einmal einen Weltmeister in seinen Reihen hat.

Aber ich bin ja nicht alleine als PingPongParkinson-Mitglied beim TTV. Auch Jürgen, Margret, wenn sie wieder gesundheitlich einsteigen kann und nun noch

Angelika haben das Potenzial irgendwann mit Gold nach Hause zu kommen.

Zeit zum Ausruhen blieb mir aber nicht. 12 Tage nach der PingPongParkinson-Weltmeisterschaft stand unsere Premiere in Dorsten an. Wir vom TTV-Hervest-Dorsten waren Mitte Oktober Ausrichter der Tischtennisbezirksmeisterschaft. Parallel dazu richteten wir den Deutschland-Cup aus. Die Idee stammte von Marco und mir und wir sprachen immer intensiver und detaillierter über dieses Turnier. Wir setzten unsere Gedanken in die Praxis um und hatten mit Andre, Klaus und dem anderen Andre Unterstützer und Befürworter solch ein Turnier zu stemmen. Alle zusammen steckten wir unsere Köpfe zusammen und heraus kam ein Mannschaftswettbewerb der PingPongParkinson-Stützpunkte aus Deutschland. 16 Teams mit 3 bis 5 Spielern und Spielerinnen spielten praktisch um den Titel das beste Team Deutschland zu sein. Mit ungefähr 70 Teilnehmern ist dieses Turnier schon ein größeres Event unter dem Dach von PingPongParkinson. Ich möchte mich an dieser Stelle vor allem an das Management des Hotels Cafe de Luxe in Dorsten bedanken. Ohne lange zu überlegen stellten sie ihre Zimmer für die Teilnehmer kostenlos zur Verfügung. Solche Unterstützung wünschen wir uns auch von anderen Unternehmen im Raum Dorsten und es wäre schön, wenn wir nicht um Sponsoren betteln müssten. Stolz bin ich 6 der besten 10 Spieler in Deutschlands PingPongParkinson Rangliste für das Turnier begeistert zu haben und nach Dorsten gelotst zu haben. Es sollte ein Wettkampf auf höchstem Niveau werden und am Ende war es das auch.

Zurück nach Wels. Am Sonntag, einen Tag nach den Endspielen, lag die Heimfahrt vor uns. 800 erschwerende Kilometer mussten gefahren werden. Die größten Teilstrecken fuhr zwar meine Frau, doch auch als Beifahrer, war die Rückfahrt sehr anstrengend. In den 7 Pausen, die wir während der Rückfahrt einlegten, kam ich kaum aus dem Auto. Meine Bandscheiben und meine Knie schmerzten mich wieder sehr. Während der Spiele habe ich die Schmerzen mit Medikamenten unterdrückt. Aber ich möchte natürlich nicht jeden Tag Schmerzmittel nehmen müssen, deshalb entschied ich mich als erstes meine Bandscheiben einen operativen Eingriff Mitte Oktober zu unterziehen. Danach, wenn alles gut verlaufen ist, werde ich mein rechtes Knie in Angriff nehmen. Zu Hause komme ich nicht einmal mehr schmerzfrei die Treppen hinauf oder herunter. Der Schmerz raubt mir meine Lebensqualität, die ja durch Parkinson sowieso schon sehr beeinträchtigt ist.
Nach 10 Stunden waren wir wieder zuhause. Völlig erschöpft stiegen wir aus dem Auto und eine gute Stunde später lag ich schlafend im Bett.
Während der Weltmeisterschaft schlief ich nachts maximal 5 Stunden und nun holte ich den fehlenden Schlaf nach.

Der Stand auf die Waage zeigte mir an, dass ich 3 Kilogramm Körpergewicht verloren hatte. Da Tischtennis ja nicht meine einzige Sportart, ich eigentlich vor Parkinson dem Bodybuilding über 30 Jahre die Treue schwor und heute noch immer Gerätetraining mit stark reduziertem Gewicht praktiziere, ist dieser Blick auf die Anzeige der Waage nicht schön für mich. Vor dem Spiegel sah ich doch, dass der Bauchansatz sich noch genauso wie vor der WM zeigte und das konnte nur bedeuten, ich hatte mal wieder an Muskelmasse verloren. Als Mann mit ektomorphen Körper wird es in meinem Alter sehr schwer werden, die verlorene Muskelmasse qualitativ wieder aufzubauen. Keine Medaille geholt und dann noch den Super-Gau eines figurachtenden Sportlers mit nach Hause genommen. Auch ich, Sportler ein Leben lang, nie geraucht oder Massen an Alkohol zu mir genommen, zahle nun den Tribut, den das Bodybuilding verursacht hat. Jahrzehntelanges Gewichtestemmen, mehr als die Gelenke eigentlich ertragen konnten, macht mir jetzt das Leben schwer. Abends auf dem Weg ins Bett mache ich mir schon über die in der Nacht wiederkommenden Schmerzen Gedanken. Morgens mit einem Gefühl aus dem Bett zu steigen, als wenn ich von einer Dampfwalze überfahren worden bin, verlangt alles an Restenergie, die ich noch besitze. Manchmal schmerzt mein rechtes Bein so sehr, dass ich es nicht schaffe aufzustehen und meine Frau muss mir dann Schmerzmittel ans Bett zur Einnahme bringen. Meine ganze Hoffnung liegt an den operativen Bandscheiben-

Operation Mitte Oktober.

Das Gewinnerteam beim ersten Deutschland-Cup aus
Ostfriesland mit dem Ausrichter Michael Baltus

Der Einlauf der Halbfinalisten.

Die Finalmannschaften. Team Eystrup und Team Ostfriesland.

Das Finale verloren, Silber gewonnen. Team Eystrup
mit Landesleiter PPP NRW.

Dorstens Michael Baltus. (links)

Trotz der vielen Handicaps hat das Tischtennis einen Stellenwert in meinem Leben eingenommen, der ganz oben angesiedelt ist. Tischtennis lässt mich für die Zeit des Spielens Parkinson vergessen. Ich bewege mich nicht locker am Tischtennistisch und meine Arme, Hände und Beine versuchen einheitlich koordiniert den Ball so zu schlagen, um Punkte zu erzielen. Es ist manchmal schon erstaunlich, wenn ich jemanden mit meiner Krankheit sehe, der nicht mehr richtig laufen oder stehen, den Ball noch nicht einmal ohne Hilfe vom Boden aufheben kann und dann ihre Gegner an die Wand spielen. Tischtennis bewirkt bei vielen Parkinsonerkrankten eine wundersame Verwandlung während des Spielens. Sich auf jeden Schlag konzentrieren zu müssen, die Arme koordiniert mit den Beinen zu bewegen und schnell auf die Bälle des Gegenübers zu reagieren, sind Dinge, die die Krankheit normalerweise nur noch in Zeitlupe geschehen lässt. Doch was noch wichtiger als die Bewegung beim Tischtennis ist, ist das Gefühl der Freude. Tischtennis regt die nur noch spärlich vorhandene Dopaminproduktion an und zaubert vielen auf den sonst maskenhaften Gesichtern ein Lächeln ins Gesicht. Mit dem Tischtennis bei PingPongParkinson unter Gleichgesinnten fühlen wir uns wohl und zusammengehörig. Es geht ja nicht immer nur darum, den kleinen Ball mit dem Schläger über das Netz auf des Gegners Seite zu bringen. PingPongParkinson ist eine Selbsthilfegruppe, die den an Parkinson erkrankten Patient aus der Einsamkeit oder Zurückgezogenheit wieder ins Leben zurückholt. Es werden Online-Treffen und Seminare zum Thema Parkinson angeboten. PingPongParkinson arbeitet mit Pharmaunternehmen und Universitäten zur Aufklärung aller Fragen über Parkinson zusammen. Unser Ziel lautet: Parkinson? Ja, kenne ich. Hatte ich auch schon mal und bin jetzt geheilt. Diesen einfachen Satz einmal jemanden erzählen zu können sind das Ziel und die Hoffnungen der bis jetzt fast 1500 in Deutschland registrierten Mitglieder an ungefähr 200 Stützpunkten.

Wir bitten und suchen auch noch Vereine, die sich unserer Sache anschließen und neue Stützpunkte mit uns eröffnen wollen. Eine Zusammenarbeit mit PingPongParkinson bedeutet für den Verein keine Mehrkosten durch uns zu haben. Im Gegenteil, die Mitgliedschaft des Vereins erhöht sich. Durch das soziale Engagement wird der Verein in den Medien lobend erwähnt und manchmal auch mit lokalen Preisen belohnt.

Uns alle bei PingPongParkinson hat die Krankheit erwischt und bis zum heutigen Tag gibt es kein Entkommen für uns. Doch aufgeben ist keine Alternative und mir und vielen anderen bringt PingPongParkinson die Freude und den Spaß am Leben zurück. Diese beiden Attribute gehen vielen Parkinsonerkrankten verloren.
Immer wieder frage ich mich, warum ich? Woher kam Parkinson zu mir? Mein Tremor antwortet mir dann mit

einer Gegenfrage. Warum nicht du? Woher er kam, weiß ich bis heute nicht. Vererbung? Hatte ich schon von Geburt an mit meinem Erbgut diesen Dopamindefekt im Hirn? Es könnte sein, obwohl niemand außer ich selbst in unserer Familie bisher die Diagnose Parkinson bekommen hat. Vielleicht zahle ich auch den Preis für 37 Jahre Chemie. So viele Jahre arbeitete ich nämlich in der chemischen Produktion.

Meine Schmerzen sind wieder da. Meine Bandscheiben und Knie rufen mich kontinuierlich. Ohne Pause senden sie dauerhaft den Schmerz zu mir. Während und nach der Komplextherapie war ich so gut wie schmerzfrei. Doch mit dem Alltag kam auch das Übel wieder zurück. Die vielen Tabletten, die ich zu mir nehmen muss, tun ihr Weiteres dazu. Die Nebenwirkungen und Symptome, die von den Medikamenten ausgehen, sind auch nicht zu verachten. Schlaflosigkeit trotz steter Müdigkeit. Kaufrausch oder Sexsucht. Persönlichkeitsverändernd, launenhaft, schmerzempfindlich, unkonzentriert, Freezing, nicht laufen können. Schwindelkeit und noch so Vieles mehr. Auch das Mimenspiel meines Gesichtes sagt nichts über mein Gefühlszustand aus. Mein Gegenüber kann nur sehr schlecht aus meinen Gesichtszügen erkennen, wie mein momentaner Gefühlszustand ist. Das unkontrollierte Zittern bei aufkommenden Stress. Es ist einfach Scheiße! Doch wer wie ich Mitglied bei PingPongParkinson und jetzt auch beim neugegründeten PV (Parkinson Verbund) ist, wird nicht alleine gelassen. Wir sind eine große Familie, die durch das Band des gleichen Schicksals zusammengehalten wird.

Niemals hätte ich vor meinen Einstieg beim TTV Hervest-Dorsten gedacht, dass das Tischtennisspielen mich so in seinen Bann ziehen würde. Der tägliche Kampf an der Platte, nur um winzige Fortschritte zu erzielen. Aber auch Rückschritte, die immer wieder kommen und durch den inneren Schweinehund überwinden werden müssen, gehören dazu. Es macht einfach Spaß! Mir auf jeden Fall. Schade ist nur, dass ich den Tischtennissport erst jetzt durch meine Krankheit kennengelernt habe. 55 Jahre hatte ich gewartet. Was wäre nur, wenn ich schon vorher gespielt hätte? Ich werde mich nie mit den ganz Großen dieses Sports vergleichen können, doch auch ich habe mir ein Ziel gesetzt. 1000 QTTR-Punkte. Zurzeit liege ich bei ungefähr 840. Meine vielen Niederlagen bei den Meisterschaftsspielen haben mir schon über 200 Punkte gekostet. Aber die wenigen Punkte haben den Vorteil aufgrund meiner schlechten Leistung gepaart mit meinem Krankheitszustand und der Tischtenniserfahrung, dass ich in Kategorie 3 eingeteilt werde.

Gestern zum Beispiel spielte ich beim Training mit Ulrike. Sie gehört zu den Damen mit jahrzehntelange Erfahrung beim TTV. Ulrikes sonderbare Spielweise macht das Training besonders wertvoll. Sie spielt eher defensiv. Bringt in jeden Schlag von ihr aber sehr viel Schnitt in den Ball. Vor einem guten Jahr habe ich ihre

Bälle kaum retournieren können. Ich verlor zwar wieder haushoch gegen sie, doch locker schlägt sie mich nicht mehr. Es finden auch längere Ballwechsel statt. Zum Schluss gewinnt Ulrike durch ihre Erfahrung meist den Punkt. Doch für mich zählt in dieser Phase nicht das Ergebnis des Spiels, sondern wie lange kann ich mitspielen. Reagiere ich nur oder versuche ich auch zu agieren und meine Schläge an den Mann zu bringen. Das ist der kleine Weg des Fortschritts und diesen Weg werde ich versuchen, weiter zu gehen. Mit Michaela als Trainerin, mit Marco, als meinen Betreuer und Jürgen als meinen Doppelpartner sollte ich mich noch weiter verbessern können. Die neue Aufgabe, mit Angelika ein Team zu bilden und mit ihr an PingPongParkinsonturnieren teilzunehmen, beflügelt meine Motivation noch weiter. Ich weiß, mit Angelika zukünftig Spaß am Tischtennistisch zu haben.

Da gibt es bei PingPongParkinson viele gute Spieler. Der Thorsten aus dem Umfeld von Gütersloh zum Beispiel. Thorsten ist noch ungeschlagen im Tourkalender von PingPongParkinson. Es macht riesige Freude, ihn spielen zu sehen. Seine Schläge sitzen und er scheint im Gegensatz zu mir nie nervös zu sein. Thorsten gewann bis jetzt jeden Wettkampf, an dem er teilgenommen hat. Die Titel, die er sich erspielt hat, sind mittlerweile nicht mehr zu zählen. Natürlich träumt jeder von uns, ihn einmal zu schlagen oder sein Niveau zu erreichen. Doch es wird für fast alle ein Traum bleiben. Dazu ist er immer nett und zuvorkommend.

Der zweite Parki, den ich persönlich für sein Tischtennisspiel mit Anerkennung überschütte, ist der Norbert aus dem ostfriesischen Dorf Varel. Auch Norbert sammelt Titel wie andere Fußballbilder von Panini. Was ich an Norbert schätze, ist das, dass er sich seine Erfolge hart erarbeitet hat. Norbert ist kein technisch ausgestattetes Talent. Er hat mit 3 Jahren zum ersten Mal einen Tischtennisschläger in der Hand gehabt und diesen nicht mehr losgelassen. Norbert gibt nie auf und kämpft sich in seine Spiele hinein. Auch bei ihm sitzen seine Schläge und er hat eine wahnsinnige Erfolgsquote, die noch besser wäre, wenn ihm der Thorsten nicht so oft im Wege stehen würde. Norbert und ich pflegen ein freundschaftliches Miteinander. Ich freue mich jedes Mal, wenn ich mit ihm trainieren darf.

Das gibt es dann noch viele Spieler bei PingPongParkinson, die ich als Vorbild beim Tischtennis für mich betrachten könnte. Doch einer sticht für mich hervor. Lars aus Eystrup. Ein Dorf in Niedersachsen vor den Toren Bremens, direkt an der Weser, dort kommt er her und dort kennt ihn jeder. Lars ist in Eystrup ein lokaler Held. Die Eystrup Open sind ein von ihm praktiziertes Turnier, dass bis jetzt seines Gleichen sucht. Lars hat mit dem Tischtennis auch erst vor ein paar Jahren angefangen. Doch bei Lars kann sich jeder anschauen, was man mit Trainingsfleiß und eisernen Willen erreichen kann. Lars kämpfte sich so bis in die stärkste Kategorie 1 hoch und sollte immer als

Medaillenkandidat gehandelt werden. Auch er hat dabei ein offenes Herz und ist immer nett, zumindest zu mir. Ich freue mich immer wieder, ihn bei den vielen Turnieren zu treffen. Auch das Training mit ihm ist anspruchsvoll, toll und macht Spaß. Nur um Punkte gegen den nie aufgebenden Eystruper zu spielen, ist kein Zuckerschlecken. Wer ihn schlägt, gehört bei PingPongParkinson zu den ganz großen Tischtennisspielern.

Da es mir ja nicht nur um das Tischtennisspielen bei PingPongParkinson geht, sondern ich hier auch Einblicke in mein Gefühlsleben geben möchte, habe ich einiges, das mir durch den Kopf geht, notiert.

Hier einige von mir verfasste Reime oder auch Songtexte über Parkinson und meine Gefühle.

Am Ende des Weges angekommen,
blicken wir zurück, wo alles hat begonnen.
In Unschuld geboren, blieben uns viele Dinge lange verborgen.
Frei sind wir gewesen, wollten unsere Träume einfach nur erleben. Was haben wir daraus gemacht,
werde ich jetzt im Alter gefragt.
Eine Antwort kann ich leider nicht geben,
zu viel Zeit habe ich vergeben.
Die letzte Strecke werde ich aber genießen, mich der schönen Dinge im Leben bedienen.
Zu kurz ist der Weg des Lebens,
um noch irgendwelche Tage zu verschenken.

Für Andrea:

Bei den Eystruper Open wurden wir uns zugeteilt, ohne uns zu kennen.
Wir waren uns sofort sympathisch und ich möchte dich jetzt Freundin nennen.
Wir waren zwar nicht die Besten,
doch gemeinsam haben wir gekämpft und wurden nicht die Letzten.
Der Spaß hat uns beide angetrieben,
In schöner Erinnerung bist du in meinen Gedanken geblieben.
In Kontakt möchte ich mit dir bleiben und dich wiedersehen bei Zeiten.
Wir teilen leider beide das gleiche Schicksal, doch wenn wir Tischtennis spielen, ist das egal.
Ich freue mich schon auf unser nächstes Mal,
es hat mir mit dir gutgetan.

## Der Besucher

Jeden verdammten Tag wieder
ringt er mich nieder.
Er lässt mich einfach nicht mehr los,
mit ihm zu leben ist kein Trost.
Ich habe ihn nicht eingeladen,
doch er brauchte auch nicht zu fragen,
denn er ist einfach gekommen
und hat sich ungefragt alles genommen.

Ich möchte ihn nicht mehr bei mir haben,
von Anfang an haben wir uns nicht vertragen.
Er manipuliert dazu mein Gedächtnis,
ihn in mir zu haben, ist jetzt mein Vermächtnis.
Mein Leben ist nun durch ihn gezeichnet,
seit Jahren bin ich sehr verzweifelt.
Ich versuche gegen ihn zu kämpfen,
er rächt sich dann mit Muskelkrämpfen.

Was kann ich nur gegen ihn machen?
Ich höre ihn dann immer lachen.
Dann fange ich an zu zittern,
das hat er doch schon wieder gewittert.
Gegen ihn ist einfach kein Kraut gewachsen,
das sind nun mal meine Tatsachen.
Er nennt sich Morbus Tremor,
stellt sich aber immer als Mr. Parkinson vor.

Als Gast benimmt er sich nicht fein,

eher sogar sehr gemein.
Er kennt keine guten Manieren,
quälen will er mich und das, ohne sich zu schämen.
Jeden Tag raubt er mir die Energie und wird immer
stärker.
Manchmal tobt er in mir auch noch wie ein Berserker.
Zum Aufgeben will er mich zwingen,
doch das schafft er nicht,
auch wenn ich weiß, ich werde nicht gewinnen.

Viele gibt es die Besuch haben von seinen Verwandten,
ohne das sie es sofort erkannten.
Ist er erst einmal da und macht es sich heimisch,
bleibt er für immer und macht daraus kein Geheimnis.
Von niemanden lässt er sich verjagen
und das für den Rest unserer Jahre.
Hinterhältig und unberechenbar ist er für mich
und dabei amüsiert und freut er sich.

Mein früheres Leben hat er mir gestohlen,
die guten Jahre sind viel zu schnell verflogen.
Er prägt jetzt mein gesamtes Dasein
und das ist nicht, was ich will und meine.
Nur der Tod wird uns beide scheiden,
ich bin wirklich nicht zu beneiden.
Doch im Himmel, da bin ich ihn endlich los
und das zu wissen gibt mir Trost.

Geburtstag PPP:


Zum Geburtstag alles Gute,
PingPongParkinson kommt uns nun 3 Jahre zugute.
2017 in Amerika gegründet,
aber erst drei Jahre später in Deutschland richtig
gezündet.
In Nordhorn gab es den ersten Stützpunkt,
danach folgte auf der Deutschland-Karte Punkt für
Punkt.
Stolz sind wir eine große Familie zu sein, wir freuen uns
untereinander zu sehen und das ist fein.
Als Gegner stehen wir uns gegenüber an der
Tischtennis-Platte,
danach feiern wir zusammen, alles andere ist uns Latte.
Wir teilen leider alle ein gemeinsames Schicksal, doch
genau das hat uns auch zusammengebracht.
Groß bist du geworden,
mir fehlen einfach nur die Worte.
Immer schneller wirst du wachsen,
in Nordhorn werden sie darüber wachen.
Mittlerweile ist PingPongParkinson ein Begriff, den
niemand mehr vergisst.
Ich hoffe, das alles war erst der Anfang und wir
bekommen noch mehr Anhang.

Eystrup Open für Lars:

Hoch im Norden, kurz vor Bremen,
liegt Eystrup versteckt und gut verborgen.
Eystrup ist ein Dorf, das niemand so richtig kennt.
Doch da gibt es den Lars
und der macht Eystrup bekannt.
Mit den Eystruper Open
wird durch Lars das Dorf für Europa offen.

Eystrup, Eystrup,
lasst uns nach Eystrup fahren,
um dort nach dem Lars zu fragen.
Er ist da sicher an seinem Tischtennistisch und trainiert
für das große Match.

Aus ganz Europa kommen die Spieler angelaufen,
nur um sich beim Tischtennis gut zu verkaufen.
Der Lars ist der Macher des Spektakels
und mit Sicherheit wird es schön und kein Debakel.
Viele Freunde und Bekannte werden sich dort treffen,
um sich an der Tischtennisplatte mit den Besten zu
messen.

Eystrup, Eystrup,
lasst uns nach Eystrup fahren,
um dort nach dem Lars zu fragen.
Er ist da sicher an seinem Tischtennistisch und trainiert
für das große Match.

Es ist einfach schön, alle wieder zu sehen
und gemeinsame Wege zu gehen.
Das gleiche Schicksal schweißt uns zusammen,
die große Familie ist wieder beisammen.
PingPongParkinson hat uns miteinander verbunden
und so haben wir uns alle gefunden.
An der Platte manchmal gegeneinander,
ansonsten eine Familie und Freunde miteinander.

Eystrup, Eystrup,
lasst uns nach Eystrup fahren,
um dort nach dem Lars zu fragen.
Er ist da sicher an seinem Tischtennistisch und trainiert
für das große Match.

Was der Lars da so aus dem Boden stampft,
verdient ein Applaus und das nicht zu knapp.
Direkt vor den German Open,
solch ein Turnier zu stemmen ist nicht verboten.
Mit Freude nehmen wir sein Angebot an
und treffen uns alle dort, ob neu oder bekannt.
Ein Dankeschön von uns mit Getöse,
auch wenn es nur einen Gewinner geben wird, sind wir
anderen nicht böse.

Eystrup, Eystrup,
lasst uns nach Eystrup fahren,
um dort nach dem Lars zu fragen.
Er ist da sicher an seinem Tischtennistisch und trainiert
für das große Match.

Wir alle

Wir alle haben eine Leidenschaft.
Mit dem Schläger an der Platte stehen, egal ob beim
Training oder irgendeine Meisterschaft.
Denn Ball zu spielen trotz unseres Handikaps,
ist manchmal erstaunlich, dass dies noch klappt.

Wir alle teilen ein gemeinsames Schicksal.
In unserem Kopf hat sich jemand namens Parkinson
breitgemacht.
Nun mit ihm zu leben fällt uns allen schwer, doch eines
ist gewiss, wir werden ihn nicht mehr los und das mit
Gewähr.
Doch hat die Krankheit, die mich prägt, mir eine weitere
Tür geöffnet und nun gehe ich diesen Weg.

Als Therapiemaßnahme habe ich mit dem Tischtennis
begonnen,
später durch PingPongParkinson viele neue Freunde
gewonnen.
Eine Familie, ja, das sind wir und stetig wachsen wir,
das gefällt nicht nur mir.
Ein ganzes Jahr ist nun vorbei, meine Leistung ist nicht
gut, aber trotzdem bleibe ich dabei.

Nun feiern wir Christen Jesus Geburt und ich möchte
mich hiermit bedanken, denn ihr alle tut mir gut.
Feiert bitte mit euren Lieben dieses Weihnachtsfest,
wir sehen uns dann wieder bei Lars in Eystrup vor den

German Open beim letzten Test.

Ohne Hoffnung

Er kam plötzlich und unverhofft.
Ich habe ihn nicht zu mir gebeten
und auch nicht gewollt.
Er kam ohne Einladung ungefragt.
Er machte es sich bequem
und hat dann gesagt.
Mein Name ist Parkinson
und ich werde für immer bei dir sein.
Ich konnte es nicht glauben,
das Leben ist gemein.

Ohne Hoffnung, ihn loszuwerden,
werde ich irgendwann dann sterben.
Bis dahin macht er mir mein Leben schwer,
eine Chance, ihn wieder loszuwerden, habe ich nicht
mehr.
Mr. Parkinson lacht über mich
und reißt die Kontrolle immer mehr an sich.

Anfangs stellte ich mich gegen ihn,
doch egal wie stark ich war,
er blieb in meinem Hirn.
Lange Zeit, um ihn zu akzeptieren, habe ich gebraucht,
mein früheres Leben war aufgebraucht.
Ich denke an meine blühende Vergangenheit,
eine Träne macht sich über meine Wange breit.
Die Ärzte schütteln nur den Kopf
und sagen, ich werde ihn nie mehr los.

Ohne Hoffnung, ihn loszuwerden,
werde ich irgendwann dann sterben.
Bis dahin macht er mir mein Leben schwer,
eine Chance ihn wieder loszuwerden habe ich nicht
mehr,
Mr. Parkinson lacht über mich
und reißt die Kontrolle immer mehr an sich.

Doch aufgeben werde ich nicht,
die Hoffnung stirbt eben zu letzt.
Irgendwann wissen wir über ihn Bescheid,
ihn loszuwerden stehe ich dann bereit.
Er macht mir das Leben zur Hölle,
es ist nicht das, was ich wollte.
Doch eines sei gewiss,
aufgeben werde ich nicht.

Ohne Hoffnung ihn loszuwerden,
werde ich irgendwann dann sterben.
Bis dahin macht er mir mein Leben schwer,
eine Chance, ihn wieder loszuwerden, habe ich nicht
mehr,
Mr. Parkinson lacht über mich
und reißt die Kontrolle immer mehr an sich.

Hey Mr. Parkinson, eines will ich von dir wissen.
Warum hast du dich in meinem Hirn eingenistet?
Wie bin ich an dich gekommen?
Wie wird mir die Angst genommen?
Viele Fragen bleiben ohne Antwort,

gehe doch einfach von mir fort.
Meine Hoffnung ist die Forschung,
die es irgendwann schafft, dich fortzujagen.

Ohne Hoffnung, ihn loszuwerden,
werde ich irgendwann dann sterben.
Bis dahin macht er mir mein Leben schwer,
eine Chance, ihn wieder loszuwerden, habe ich nicht
mehr,
Mr. Parkinson lacht über mich
und reißt die Kontrolle immer mehr an sich.

Du nimmst mir die Qualität in meinem Leben,
mich zu quälen ist dein Bestreben.
Doch ich gebe niemals auf,
da kannst du locker wetten drauf.
Eines Tages wirst auch du der Verlierer werden
und dann doch noch vor mir sterben.
Dann geht es mir wieder gut,
deshalb verliere ich auch nie meinen Mut.

Geist

In meinem Kopf da wohnt ein Geist.
Er sucht mich immer öfter auf und
ich kann mich dagegen nicht wehren.
Im Schlaf kommt er mich besuchen,
ich kann nichts tun, egal was ich bisher versuchte.
Er manipuliert mein Gedanken,
dass ich nicht mehr weiter weiß, habe ich ihm zu
verdanken.

Wer kann mir sagen, wie ich ihn loswerde?
Wer kann mir helfen, ihn loszuwerden?
Wegrennen möchte ich von ihm,
doch ist er immer noch da, egal wie weit ich vor ihm
flieh.

Der Geist redet mir Schlechtes ins Gewissen,
Ich fühle mich hin und her gerissen.
Ich will nicht auf ihn hören,
doch er macht immer weiter und lässt sich davon nicht
stören.
Er sucht mich auf, wenn ich damit nicht rechne.
Ich steh dann da und bin an ihm gefesselt.

Wer kann mir sagen, wie ich ihn loswerde?
Wer kann mir helfen, ihn loszuwerden?
Wegrennen möchte ich von ihm,
doch ist er immer noch da, egal wie weit ich vor ihm
flieh.

Ich möchte das Band, das ihn an mich hält,
zerschneiden,
doch er ist zu stark und lässt sich nicht vertreiben.
Mein Schrei nach Hilfe bleibt unerhört,
er hält mich gefangen und ich werde zerstört.
Meine Flucht in Drogen und Alkohol haben ihn noch
gestärkt.
Meine Welt um mich herum läuft verkehrt.


Wer kann mir sagen, wie ich ihn loswerde?
Wer kann mir helfen, ihn loszuwerden?
Wegrennen möchte ich von ihm,
doch ist er immer noch da, egal wie weit ich vor ihm
flieh.

Er redet mir mein Leben schlecht,
doch ich weiß, er ist nicht echt.
Aus meinem Kopf, da muss er raus,
ich halte ihm dabei noch meine Tür weit auf.
Die Liebe, meine Schatzes hat ihn vertrieben,
mir geht es ohne ihn wieder gut
und habe wieder Lebensmut.

Ungerechtigkeit

Jede Nacht liege ich einsam in meinem Bett
und frage mich,
war ich im Leben nicht immer nett.
Die Überholspur war der Pfad, der mich begleitet hat.
In vollen Zügen genoss ich das Leben
bis zum Schluss, dann kam das große Beben.

Ich schaue in den Spiegel
und sehe die Ungerechtigkeit.
Das Schicksal hat mich eingeholt
und mich dabei mit voller Wucht überrollt.

Warum nur wurde ich so sehr bestraft?
Das frage ich mich jeden Tag und jede Nacht.
Meine Gedanken sind nicht mehr frei,
gefangen durch mein Schicksalsschlag,
ist mein früheres Leben aus und vorbei.
Ich kann es noch immer nicht glauben,
dass es mich erwischt hat,
dabei laufen mir Tränen aus den Augen.

Ich schaue in den Spiegel
und sehe die Ungerechtigkeit.
Das Schicksal hat mich eingeholt
und mich dabei mit voller Wucht überrollt.

Zu stoppen ist die Krankheit nicht,
schaue ich in den Spiegel,

spukt sie mir ins Gesicht.
Was würde ich alles geben,
um sie loszuwerden,
doch sie lässt mir keine Chance
und bringt mich aus meiner Balance.
Ich muss damit nun leben
und um Heilung beten.

Ich schaue in den Spiegel
und sehe die Ungerechtigkeit.
Das Schicksal hat mich eingeholt
und mich dabei mit voller Wucht überrollt.

Nun aber wieder zum Ping Pong. Unser Deutschland-Cup steht an und ich werde täglich mit E-Mails einiger Teilnehmer bombardiert. Das Turnier ist gefragt und wir freuen uns auf alle Teilnehmer. Dieses Event wird kein Ping Pong von irgendwelchen Anfängern. Zum Start des Deutschland-Cups haben sich Top-Spieler aus der Parkinson Tischtennisszene bei uns angemeldet. Wir wünschen uns ein sportliches Spektakel unter Freunden. Die Planungen sind abgeschlossen und wir befinden uns auf der Zielgeraden. Zum Schluss haben wir noch einen Shuttle-Service organisiert, der die Teilnehmer vom Bahnhof und vom Hotel abholt und wieder zurückbringt. Wir hoffen an alles gedacht zu haben und wünschen uns mit allen Beteiligten ein großes Sportfest in unseren Hallen.

Noch drei Tage bis zu unsere Premiere beim heimischen Deutschland-Cup der vereinten Volksbank. Heute Morgen habe ich wieder eine Nachricht bekommen, dass ein Spieler ausfällt und jemand anderes für ihn eingesetzt werden möchte. So leid es mir für den Anfragenden tut, die Liste ist beim DTTV eingereicht worden und kann nicht mehr geändert werden. Wir hatten auch in der Ausschreibung den 1.10.2023 als Stichtag angegeben.
Der Shuttleservice ist organisiert und sollte funktionieren.
Heute Abend sitzen wir vom TTV noch ein letztes Mal zusammen und besprechen den endgültigen Ablauf des Turniers. Ich bin gespannt, ob der Deutschland-Cup ein

Erfolg wird. Natürlich ist unser Turnier nicht gleichzusetzen mit den German Open oder mit den PPPWC. Doch soll der Deutschland-Cup in den Köpfen der Beteiligten positiv in Erinnerung bleiben. Ich bin dabei ziemlich zuversichtlich.

An alle, die nicht dabei waren. Beim nächsten Mal, ich schätze 2025 habt ihr die Möglichkeit, mit dabei zu sein. Ansonsten werden wir ab Januar wieder Sonntagnachmittag stützpunktübergreifendes Training anbieten. Dort kann jeder Parkinson-Spieler wie immer mitmachen.

Heute Morgen habe ich das Hotel Café de Luxe in Dorsten wegen der Reservierungen angerufen. Von deren Seite ist alles in Ordnung. Dafür nochmals einen herzlichen Dank an das Hotelmanagement.

Damit alle Dorstener Parkinsonspieler und Spielerinnen eingesetzt werden können, habe ich mich entschieden, meinen Platz beim TTV frei zu machen. Auf das Turnier als Spieler wollte ich aber nicht verzichten und heuerte in Absprache mit unserem Geschäftsführer Marco und dem Team vom Lars beim FC Eystrup an. Ich wollte schon die ganze Zeit ein Trikot des Eystruper Tischtennisvereins haben. Jetzt darf ich sogar mit meinem Freund Lars für diesen großartigen Verein spielen. Es ehrt mich sehr, dass das Team meiner Anfrage stattgegeben hat.

Es kam dann aber doch anders als von mir gedacht. Norbert fiel verletzt aus und ich rückte wieder ins Dorstener Team.

Die Nacht vor unserem Deutschland-Cup war kurz. Die Nervosität stieg und ließ mich nicht mehr einschlafen. So fuhr ich nach dem Frühstück gegen 10 Uhr in die Halle. Zu meiner Überraschung waren schon die ersten Teilnehmer unseres Turniers da und spielten sich ein. Nach und nach wurden wir mehr. Ich begrüßte alle Teams mit einem Trikot als Gastgeschenk und kurz danach waren alle Tische mit Spielern und Spielerinnen besetzt. Es war schön, wieder so viele alte Bekannte bei uns begrüßen zu können. Aber ich lernte auch neue Leute kennen, die Familie wächst weiterhin rasant an. Dann nach der Registrierung das erste Highlight. Die Mannschaften stellten sich vor dem Eingang zur Halle auf und wurden unter lauter Rockmusik einzeln aufgerufen und mit tobenden Applaus empfangen. Wir als Gastgeber mussten bis zum Schluss mit unserem Einlauf warten. Erst als die Glocke Hells Bells aus den Lautsprechern schlug, betraten wir Dorstener unter klatschenden und jubelnden Teilnehmern und Zuschauern die Halle. Der emotionale Moment ließ meine Haut kribbeln. Danach ein Gruppenfoto mit allen Teilnehmern, eine kurze Ansprache von mir und unser Vorsitzender gab das Turnier frei.

Wir waren mit den Stützpunkten aus Oberhausen, Langenfeld und Marburg in einer Gruppe. Oberhausen oder genauer gesagt Buschhausen war unser erster Gegner. Hm, da war doch was? Genau Ede, mein freundschaftlicher Konkurrent, wurde uns so wieder mal zugelost. Für Michael und Angelika, beide erst vor kurzem bei uns eingestiegen, stand nun die erste Partie eines Turniers oder Spiels an. Zuerst spielten Angelika und ich unser Doppel. Leider waren die Oberhausener stärker und wir verloren trotz guter Leistung unser Match. Das wir auch noch zwei von den drei Einzel verloren, stand es am Ende 1:3 gegen uns. Das zweite Spiel spielte ich mit Margret im Doppel und wir gewannen gegen das Duo aus Langenfeld. Doch nach dem letzten geschlagenen Ball mussten wir uns mit einen 2:2 zufriedengeben. Erst das 3. Spiel gegen Marburg konnten wir klar gewinnen und zogen mit diesen Ergebnissen in die KO-Runde ein. Überraschungen gab es keine, denn die Favoriten spielten stark auf und setzten sich ohne Niederlage in ihren Gruppen durch.

So ging der erste Tag auf die Zielgeraden und ich war müde und kaputt. Saß aber noch beim Catering und aß einiges von den angebotenen Speisen. Dabei saßen wir Parkis zusammen und ich durfte mich zum ersten Mal in den Lobgesang einiger Teilnehmer suhlen. So ein Turnier aufzustellen hat uns ein Jahr Vorbereitung gekostet und genau dafür hat sich die ganze Mühe gelohnt. Für uns als gastgebender Verein ist es nicht wichtig, den Deutschland-Cup zu gewinnen, nein, wir wollten ein Tischtennisspektakel bieten und das hat bis hier hin sehr gut geklappt. Da saßen wir also zusammen und es kam die Frage auf, warum dieses Turnier nicht als deutsche Teammeisterschaft offiziell anerkannt wird? Diese Frage hörte ich am heutigen Tag schon öfter und ich nahm mir vor, mit dem Vorstand von

PingPongParkinson darüber zu sprechen.

Mit sehr viel Lob und Schulterklopfer durfte ich mich dann irgendwann ins Bett legen und von Erfolgen beim Tischtennis träumen.

Angekündigt wurde, dass die Halle um 9 Uhr die Pforten öffnet. Als ich mit dem Team aus Hannover, die ich mit zur Halle nahm, diese um 8:45 Uhr betrat, waren schon alle Tische mit einspielenden Teilnehmern besetzt.

Am Abend wurde der weitere Spielverlauf zusammengestellt und den Teams mitgeteilt. OH, Je! Damit hatte ich nicht gerechnet. Wir mussten uns mit dem Stützpunkt aus Fulda messen. Fulda? Da spielt doch Heiko, der amtierende deutsche Vizemeister der Kategorie eins. Heiko und ich kennen uns durch die vielen Turniere seit ungefähr einem Jahr und ich kann ihn nur lobenswert erwähnen. Heiko ist vom Charakter her genauso wie beim Tischtennis, nämlich einfach toll. An diesem Turnierwochenende haben wir uns sehr oft ausgetauscht und nun mussten wir Dorstener uns gegen diese Mannschaft durchsetzen. Jetzt begann das Drama. Unsere beiden Damen mussten im Doppel ran und verloren ohne Chance ziemlich hoch. Mit 2:11, 3:11 und noch einmal 3:11 hatte Fulda den ersten von maximal 4 Punkten geholt. Michael, der als Neuer in der QTTR-Rangliste vor mir liegt, durfte sich dann Heiko stellen und verlor 2:11, 3:11 und 7:11.

2:0 für Fulda und durch die hohen Siege für uns kaum noch einzuholen. Jürgen war nun an der Reihe und spielte seine ersten beiden Sätze souverän gegen seinen

Gegenüber. In der Satzpause vor dem dritten Satz erklärte ich meinem Partner die Situation, das wir beide noch ausstehende Matches brutal hoch gewinnen müssen. Vielleicht hätte ich dies nicht sagen dürfen. 11:7 gewann Jürgen seinen dritten Satz und das Spiel glatt mit 3:0.

Jetzt stand es nur noch 1:2 gegen uns. Um noch weiter zu kommen, musste ich es Jürgen nachmachen und auch mein Spiel haushoch gewinnen. Der Druck war immens und ich musste mich voll konzentrieren. 11.3 und 11:2 für mich. Der Anfang wäre geschafft und das Viertelfinale öffnete uns schon die Tür. Doch man sollte den Tag eben nie vor dem Abend loben. Obwohl mein Gegenspieler mich an diesem Tag nicht besiegen konnte, gelang es ihm im letzten Satz 8 Punkte gegen mich zu holen. Nach dem Spiel stand also ein 3:0 für mich an. Ich hatte ausgeglichen und wie. 2:2 war der Endstand. Jetzt sollten die mehr gewonnenen Sätze den Ausschlag für den Sieger geben. Doch auch hier stand es 6:6 Unentschieden. Die Einzelpunkte mussten nun ausgezählt werden und dabei zogen wir mit 87:90 den Kürzeren. 3 bescheidene Bälle entschieden unser Aus beim eigenen Turnier. Als anständige Mannschaft wünschten wir Fulda noch viel Glück im weiteren Turnierverlauf und ich durfte mich jetzt auf meine Aufgabe als Veranstalter konzentrieren. Fulda schied dann in der nächsten Runde gegen Lars und seinem Team aus Eystrup aus.

Am Ende standen folgende Stützpunkte in den Semifinales. Varel gegen Münster und Eystrup spielte gegen Holgers Wuppertal. Münster und Wuppertal, die sich ein hoch spannendes Match gegen Eystrup geliefert hatten, fuhren mit einer Bronzemedaille nach Hause. Den Deutschland-Cup gewann dagegen Norbert Hase mit seiner Mannschaft gegen Lars und dem Team aus Eystrup. Der Stützpunkt Varel darf sich nun deutscher Mannschaftsmeister PingPongParkinson nennen. Meine Gratulation an alle Teilnehmer, die es uns ermöglichten, ein Turnier der Superlative abzuliefern. Es kamen dazu viele sehr gute PingPongParkinson-Spieler der Kategorie 1 zu unserem Wettbewerb, die das Event qualitativ aufwerteten. Auch am zweiten Tag prasselte es von allen Seiten Lob zu mir. Außer einigen wirklichen Kleinigkeiten wurde das Turnier sehr gut von den PingPongParkinson-Mitgliedern aufgenommen und alle möchten gerne bei einer Fortführung des Deutschland-Cups wieder dabei sein. In naher Zukunft wollen wir vom TTV Hervest-Dorsten das Turnier erneut anbieten. Wir hatten uns eine Fortsetzung des Deutschland-Cups alle zwei Jahre vorgestellt. Vielleicht in Absprache mit den Eystrup Open?

Auf jeden Fall wünschen wir uns dann, dieses Turnier mit dem Vorstand PingPongParkinson gemeinsam zu planen und mit deren Unterstützung zu organisieren. Da wir für das Turnier sehr viel Lob bekommen haben, sind wir mit Sicherheit interessiert an einer Fortsetzung des Deutschland-Cups. Aber wir nehmen uns auch den konstruktiven Punkten an, die verbesserungswürdig sind. Nur so können wir ein perfektes Turnier veranstalten.

Beim nächsten Mal, wird es den Deutschland-Cup alleine und nicht zeitgleich mit den Bezirksmeisterschaften geben. Der Anfang wurde mit 16 Teams und 70 Spielern gemacht. Die Idee für den nächsten Deutschland-Cup ist, noch mehr Mannschaften einzuladen. Dazu ist es aber auch nötig, dass das Sponsoring und die Unterstützer anwachsen. Unser Turnier ist nun in Deutschland in aller Munde. Es gibt immer wieder die Aussagen: „Wow, ihr in Dorsten…". Wir präsentieren Dorsten national und international und machen als deren Spieler bei internationalen Events sowie bei nationalen Spielen Werbung für die Stadt und ihre Bürger. Es wäre deshalb schön, wenn wir durch unsere Politiker und Unternehmer ein wenig mehr Unterstützung bekommen würden. Die Kosten für unsere Teilnahmen bei den deutschen Meisterschaften oder den Weltmeisterschaften, werden von uns selbst bezahlt. Wir wollen ja kein Geld mit unserem Sport verdienen, doch wenn wir durch Fördergelder unsere Ausgaben ein wenig reduzieren könnten, wäre dies toll. Aber auch unsere Halle an der Ursula-Schule benötigt eine neue Beleuchtung, für die der TTVHervest-Dorsten wohl fast alleine aufkommen muss. Da die Lichtanlage mehrere zehntausend Euro kostet, ist das kein leichtes Unterfangen für den Verein, demnächst im neuen Licht zu erstrahlen. Es gibt ja schon einige Unterstützer, wie z.B. die Vereinte Volksbank oder der Lions-Club, doch wir benötigen noch einige Unternehmer und Firmen mehr, um unser Projekt weiter fortführen zu können. Wir beim TTV Hervest-Dorsten haben ja nicht nur die

Inklusion der Parkinsonmitglieder vorangetrieben, nein, auch unsere Jugendabteilung unter der Leitung von Robin Juste ist für ihr soziales Engagement bekannt. Ein Beispiel sind da die jährlichen Projektwochen an den Dorstener Grundschulen. Darum meine Bitte an Dorstens Unternehmer und Politiker, unterstützt uns und ihr unterstützt die Inklusion der Parkinson-Spieler und vor allem die Jugendlichen der Stadt Dorsten.

Sogar das deutsche Fernsehen, genauer gesagt, der WDR hat uns am ersten Turniertag besucht und wird über das Ereignis zeitnah berichten. Mehr Werbung für Dorsten können wir beim TTV und PingPongParkinson nicht machen.

Anfang November spiele ich noch das Turnier in Münster. Auch der Stützpunkt Borussia Münster mit Kathrin Wersing und Mick Daun haben es geschafft, ein tolles Turnier zu organisieren. Ich freue mich schon sehr, dort aufzulaufen. Doch vorher steht jetzt in drei Tagen meine Bandscheiben Operation an und ich hoffe, nach zwei Wochen wieder sportlich einsatzbereit zu sein.

Den Abschluss wird es dann in Oberhausen beim Stützpunkt Buschhausen geben. Das von Ede und seinen Partnern ausgerufene Event war letztes Jahr seht gut besetzt und ich erinnere mich gerne an mein erstes Spiel dort beim Emscher-Cup. Die Auslosung teilte mir Norbert Hase zu, dem damals amtierenden Vizeweltmeister von Pula. Ich verlor zwar ohne wirkliche Chance gegen meinen Freund aus Varel, doch zeigte ich auch sehr gutes Tischtennis gegen ihn. Lange konnte ich mich gegen seine gespielten Bälle wehren und wir boten uns ein gutes Match.

Für mich ist es jedes Mal schön, meine „Familie" bei solchen Ereignissen wiederzusehen. Dieses Gefühl der Gemeinschaft bei PingPongParkinson ist unbeschreiblich und nur wer dazu gehört, weiß was ich meine.

Es war eine lange Saison. Am Dienstag steht ein weiteres Meisterschaftsspiel mit dem TTV bei uns in der Halle an. Der Alltag hat uns wieder eingeholt. Trotzdem möchte ich allen Teilnehmern des Deutchland-Cups hier noch einmal danken, das Turnier mit Leben gefüllt zu haben. Die Stimmung war einfach nur grandios. Besonders stolz hat mich auch zwei Tage vor dem Start unseres Turniers die Glückwünsche des leider nicht teilnehmenden 6-fach Weltmeisters Thorsten Flues gemacht. Vielleicht bist du ja beim nächsten Mal dabei Thorsten?

Nach dem Finale und der Siegerehrung war die ganze Anspannung, die auf Marco und mir lastete, weggeblasen. Ich sah ihn in den zwei Tagen das erste Mal lächeln. Wir schauten uns in die Augen, schlugen die Hände ein und nahmen uns in den Armen. Wir hatten soeben das geschafft, was wir uns in Pula auf der Terrasse unseres Appartements vorgenommen hatten. Wir hatten ein PingPoingParkinson-Turnier ins Leben gerufen, dass es so vorher noch nicht gab. Die Teilnehmer lobten uns ständig, die Stimmung war grandios und mit guter Kritik wurden wir auch über das ausgedachte Spielsystem überschüttet. Um gute Ideen zu haben und diese auch umzusetzen, muss man nicht im Vorstand von PingPongParkinson sitzen. Natürlich hat der Thorsten Boomhuis mit seinen Anhang PingPongParkinson in Deutschland gegründet und aufgebaut. PPP ist sein Baby und die Arbeit und vor allem seine umgesetzten Ideen sind von mir hoch anerkannt. Trotzdem sollte der Vorstand für konstruktive Kritik und Vorschläge seiner Basis offen sein. Wir alle sind eine große Familie und kennen uns. Wir teilen ein gemeinsames Schicksal und leben in der Hoffnung, Parkinson irgendwann in unserem Leben doch noch besiegen zu können. Deshalb lasst uns zusammenhalten und unsere Leidenschaft PingPongParkinson noch besser machen.

Mit Angelika habe ich, glaube ich, zumindest, eine tolle Partnerin für die Mixspiele gefunden und wir wollen die German Open in Nordhorn nächstes Jahr rocken. Dafür werden wir jetzt ein halbes Jahr gemeinsam trainieren und uns dann der Konkurrenz stellen. Angelika hat genau wie Michael im Deutschland-Cup ihr erstes Spiel gewonnen und weiß nun, dass es keine Utopie ist, bei den Meisterschaftsturnieren im Mix der Kategorie 3 um Medaillen zu spielen. Die Vorbereitung für das nächstes Jahr laufen also schon. Wir können uns darauf nur sehr gut vorbereiten, der Rest liegt in der Hand des lieben Gottes oder der Verlosung und die Einteilung der kommenden Gegner. Wir werden natürlich Losglück haben müssen, doch wir glauben an uns und träumen ist ja nicht verboten.

Nächstes Jahr wird es sicher nicht einfacher als dieses oder letztes Jahr. Die Masse an PingPongParkinson Teilnehmern bei großen Turnieren nimmt ständig zu und damit steigt auch die Qualität der Spieler. Für mich als Quereinsteiger ist es sehr anstrengend, mit den Fortschritt meiner Konkurrenten mitzuhalten. Ich beobachte einige Spieler jetzt seit über einem Jahr und viele von denen haben größere Fortschritte gemacht als ich. Auch erkenne ich, dass immer mehr junge an Parkinson erkrankte Menschen bei den Turnieren dabei sind. Manchmal ist es schon erschreckend, wenn man bei den anderen Mitgliedern sieht, wohin die Krankheit führen kann. In meinem Buch mit dem Titel: „Warum ich" schreibe ich ja ausführlich über die Hoffnungslosigkeit von uns Parkis.
Was ist der Mensch denn eigentlich ohne Hoffnung? Wir hoffen in allen. Nur der Mensch, der an Parkinson erkrankt ist, lebt wie ein MS-Patient oder ein ALS Erkrankter ohne Hoffnung gesund zu werden.

Ich selbst bin froh, vor eineinhalb Jahren der Selbsthilfegruppe PingPongParkinson beigetreten zu sein. Seit Anfang des Jahres bin ich dann auch in offizieller Funktion des Landesleiters NRW in Aktion. Warum habe ich diesen Posten angenommen? Mit Sicherheit nicht aus Langeweile. Aber es ist wie mit der Politik und den Wählern. Wenn man die Regierung oder die Opposition anprangert und sollte man auch zur Wahl gehen und die Wahlurne mit einen Stimmzettel füllen.

Denn nur so kann man Veränderungen erreichen. Nicht zu wählen und den Kopf aus Hoffnungslosigkeit in den Sand zu stecken ist keine Alternative und kann keinen politischen Wechsel herbeiführen.

Genauso geht es mir mit PingPongParkinson. Ich möchte mich dort einbringen und meine Ideen in die Praxis umsetzten. Dies gelingt mir am besten als Teil des Ganzen und nicht im Hintergrund.

PingPongParkinson Deutschland ist im Februar 2020 von Harry Wissler und Thorsten Boomhuis gegründet worden. Beide haben da ein Baby in die Welt gesetzt, dass nach 3 Jahren die Größe eines Riesen angenommen hat. Es ist von meiner Seite nur zu bestaunen, wie Thorsten Boomhuis das Schiff PingPongParkinson durch seichte Gewässer, aber auch durch orkanartige Stürme sicher und zielgerichtet durch die Meere führt. Ich glaube, für PingPongParkinson ist er ein reiner Glücksgriff. Niemand kann von außen auch nur im geringsten erahnen, wie viel Zeit dieses Amt in Anspruch nimmt. Sein Wissen, sein Verhandlungsgeschick und auch seine mittlerweile internationale Bekanntheit helfen uns bei PingPongParkinson und somit jedem einzelnen Mitglied sehr. PingPongParkinson ist überwiegend durch ihn und seinen Helfern zu dem geworden, was es jetzt darstellt. Dafür möchte ich mich im Namen aller Mitglieder bei ihm bedanken. Natürlich gibt es nicht nur Sonnenschein und immer zufriedene Gesichter unter dem Dach von PingPongParkinson Deutschland, aber dieses Thema ist intern zu besprechen und gehört nicht an die Öffentlichkeit.

Drei Tage nach dem Deutschland-Cup hat der Tischtennisalltag auch mich wieder eingeholt. Am Dienstagabend stand das Meisterschaftsspiel unserer 10. Mannschaft gegen Lembeck an. Zum ersten Mal führte ich dabei als Teamkapitän den TTV ins Spiel. Im Doppel gab es dann eine weitere Premiere. Thomas Thiele und ich spielen erstmals zusammen. Wir versuchten alles, um das Spiel für uns zu entscheiden, doch am Ende entschieden die Lembecker den 5. Satz mit 11:9 für sich.

Im Einzel musste ich dann gegen die Lembecker Nr.1 und Nr.2 ran und zahlte richtig Lehrgeld. Ohne annähernd eine Chance bekommen zu haben, überhaupt einen Satz für mich zu entscheiden, verlor ich gegen beide Gegner glatt mit 0:3.

Meine Enttäuschung stand mir ins Gesicht geschrieben. Eigentlich dachte ich einen so großen Fortschritt gemacht zu haben, um in der Hobbyliga endlich Spiele zu gewinnen, doch dem war nicht so.

Wir verloren das Meisterschaftsspiel mit 4:6.

Noch nicht einmal der positive Artikel in der lokalen Presse über den Deutschland-Cup konnte mich über meine Niederlagen hinwegtrösten.

Beim Training am nächsten Tag erklärte Michaela mir, warum ich meine Spiele verliere. Im Training spiele ich mutig und mit Selbstvertrauen. Meine Vorhand und sogar meine Rückhand funktionieren und bringen 95 % der geschlagenen Bälle auf die Platte. Doch im Spiel um

Punkte bin ich gehemmt. Aus Angst zu verlieren, spiele ich vorsichtig und ohne Mut. Den Ball nur im Spiel zu halten, hat nichts mit meinem Können zu tun. Ich muss mental einfach den Schalter umlegen und endlich die Leistung wie im Training bei meinen Spielen abrufen.

Zuerst einmal steht jetzt aber eine Pause von allen sportlichen Aktivitäten an. Ich habe mich endlich auf dem Operationstisch gelegt und meine Bandscheiben operativ behandeln lassen.
Nächste Woche geht es dann zur Uniklinik nach Bochum. Dort bin ich auf Anraten der Ärzte meiner Komplextherapie und möchte wissen, ob eine Tiefenhirnstimulation für mich infrage käme. Ein wenig Angst habe ich schon vor einem Ja der Ärzte dort.
Am Abend nach meiner Bandscheibenoperation schrieb ich in Gelsenkirchen einen Kniespezialisten an und bat um einen Termin. Der Schmerz beim Treppensteigen oder anderer Belastung meines rechten Knies ist für mich nicht mehr zu ertragen. Den einzigen Ausweg, den ich selbst sehe, ist auch hier ein operativer Eingriff. Ich möchte endlich schmerzfrei sein und meine Lebensqualität zumindest ein wenig dadurch verbessern.

Wie es danach weitergeht, werde ich in dem letzten Teil meiner Tagebuch-Trilogie beschreiben. Ich berichte dann über die Vorbereitungen zu den German Open und der nächsten Weltmeisterschaft. Ob es mir gelingen wird, endlich eine Medaille nach der Bronzemedaille von Pula zu gewinnen und wie es mit mir und Angelika

lief. Werden Jürgen und ich noch einmal angreifen
wollen oder hört er auf Turniere zu spielen? Auch über
das 75-jährige Bestehen des TTV Hervest-Dorsten und
die Jubiläumsfeier werde ich einige Sätze schreiben.

Bedanken möchte ich mich zu allererst bei meiner Frau. Sie verzichtet auf gemeinsame Zeit, die PingPongParkinson mich kostet. Oft übertreibe ich es aber auch mit meinen Sport. Ich weiß, dass ich mehr Zeit mit ihr und weniger Zeit am Tischtennistisch verbringen sollte.

Der zweite Dank geht an den Geschäftsführer des TTV. Was Marco alles für den Verein macht und tut davor kann ich nur den Hut ziehen. Doch wie er sich um uns Parkis kümmert. Wie er uns betreut und sogar bis ins Ausland begleitet und für uns da ist, dafür möchte ich hier noch einmal Danke sagen.

André Funcke, der von Anfang an die Inklusion als Vorstandsvorsitzender unterstützte und vorantrieb, gehört auch mein Dank.

Unsere neue, endlich so herbeigesehnte Trainerin Michaela gilt ein weiterer Dank. Sie gibt sich so viel Mühe, uns, aber vor allem mir, das Tischtennisspiel richtig beizubringen.

Des Weiteren möchte ich die vielen Helfer und Unterstützer im Verein nicht vergessen. Für jede Trainingseinheit mit euch möchte ich mich bedanken.

Es wäre schön gewesen, mich hier an dieser Stelle auch bei unseren Sponsoren zu bedanken, doch leider hat sich noch kein Unterstützer gefunden, der die Kosten unserer Reisen ein wenig reduziert.

Danke an die Leute, die unseren Deutschland-Cup mit ihrer freiwilligen Hilfe unterstützten. Das Hotel Café de Luxe und die Vereinte Volksbank möchte ich für ihre Mithilfe und Unterstützung danken. Mit Sicherheit habe ich bei meinen Danksagungen jemanden vergessen. Bitte seid mir deswegen nicht böse und unterstützt uns weiter wie bisher.

Kein Bodybuilder, dafür
Parkinson

Als Kind und Jugendlicher wollte ich immer Fußballer werden. Ich träumte davon, in den großen Stadien aufzulaufen. Als junger Mann zog es mich dann vom Fußball weg ins Fitnessstudio und dort träumte ich den Traum, meinen Körper dem eines Bodybuilders gleichzustellen. Erreicht habe ich keines von beiden. Bekommen habe ich Parkinson. In meinem hier beschriebenen Lebenslauf möchte ich meine sportlichen und krankheitsbedingten Erinnerungen wiedergeben. Es geht mir darum, mich später mit diesen Zeilen an diese Episode meines Lebens erinnern zu können.

Vielleicht liest der eine oder andere Leidensgenosse und Leidensgenossin meine Sätze und findet sich in ähnlicher Weise wieder.

Erzählt wird die Geschichte eines Jungen, der in den Siebzigern des zwanzigsten Jahrhunderts in einer Bergbausiedlung groß geworden ist. Viele kleine und große Erlebnisse begleiten den Leser und geben ihm Einsichten in das Leben der Menschen des nördlichen Ruhrgebietes. Das Geschriebene wurde in der üblichen Sprache des Reviers erfasst und unterstreicht damit das gewisse Gefühl, sich in die Region hineindenken zu können. Viele kleine Kurzgeschichten aus dem Pott werden in diesem Buch beschrieben und führen den Leser in die Welt der Kohle zurück.

In einer geheimen Konferenz beschließen einige der mächtigsten
Männer und Frauen der Welt, wie das weltweite
Bevölkerungswachstum gestoppt werden muss. Um die Macht der
westlichen Industrienationen weiterhin zu sichern und die
Umweltzerstörung in den Griff zu bekommen, beschlossen die
Anwesenden einen für die meisten Menschen tödlichen Komplott.
In den Labors der führenden Pharmaunternehmen sollen Virologen
einen Virus und gleichzeitig ein Gegenmittel herstellen, dass dann
heimlich auf die Weltbevölkerung losgelassen werden soll. Nur
eine ausgewählte Anzahl von Menschen sollten das Gegenmittel
verabreicht bekommen und so die weltweite Bevölkerungszahl
wieder in eine Richtung reduziert werden, dass ein wirkliches
Leben der Nachhaltigkeit garantiert. Doch eine Handyaufnahme
könnte die Öffentlichkeit warnen und das Vorhaben zum Scheitern
bringen.

Die Geschichte handelt über eine verlorene Liebe zwischen dem jungen Rachelle und seiner anvertrauten Ireen. Beschrieben wird der Weg der beiden von ihrer Jugendzeit bis ins hohe Alter. Der Roman führt uns mit Rachelle und Ireen durch eine nicht existierende Fantasiewelt voller Abenteuer, Brutalität und erotischer Episoden. Die Welt in dieser Zeit sollte eine Bessere werden, wurde jedoch durch Kriege und das Recht des Stärkeren geprägt. Mord, Totschlag, Raub und Vergewaltigungen waren an der Tagesordnung. Unser Liebespaar flüchtete vor ihren Peinigern und erlebte während ihrer Reise über den Kontinent viel Gutes und noch mehr Schlechtes. Das Ziel: Ein vergessenes Elfenreich.

In der Liebe gefangen, handelt über Mike und Angelina. Beide suchten sich zwar nicht, fanden aber zueinander. Sie liebten sich vom Herzen her und wählten den Weg der Ehe. Alles schien für beide nach ihren Wünschen perfekt zu laufen, bis sich irgendwann die erste dunkle Wolke vor die Sonne der Liebe setzte. Doch die Sonne verjagte die störende Wolke schnell und die Liebe setzte ihren Weg fort. Im Laufe der Jahre gab es dann immer wieder Höhen und Tiefen in dieser Liebesbeziehung und die Sonne wurde immer öfter von dunklen Wolken verdeckt. Ihre wärmenden Strahlen erreichten nur noch selten die Herzen der beiden Liebenden und sehr oft zogen heftige Gewitter auf. Doch die Gewitter reinigten auch die Luft und wenn die Sonne ihre Strahlen wieder zu dem Pärchen schickte, blühte die Liebe wieder auf. Es kam aber der Moment in dem Leben des Paares, als die Gewitterwolken sich nicht mehr verzogen und es nur noch Blitz und Donner gab.

Ich möchte den Roman mit den von mir geschriebenen Songtext als Einleitung beginnen. Dieser Song spiegelt die Geschehnisse, die in diesem Roman von mir beschrieben werden, wider.

Als ich im Gerichtssaal saß
und dich dreckig lächeln sah,
lief es mir eiskalt den Rücken runter,
weil ich aus deinem Munde hörte, was geschah.
An meiner Tochter hast du dich vergangen,
als du mit ihr fertig warst,
hat sie sich aufgehangen.

Mit was für einem Recht darfst du weiter leben?
Ich möchte dir einfach nur die Kugel geben.
Du kannst deinen Trieb nicht kontrollieren,
andere Eltern werden auch ihr Kind verlieren.

Dich mir gegenüber sitzen zu sehen,
ist kaum zu ertragen.
Ich hoffe, der Richter wird mutig sein

und nicht versagen.
Nach dem Urteil auf Bewährung,
glauben konnte ich nicht des Richters Erklärung.

Mit was für einem Recht darfst du weiterleben?
Ich möchte dir einfach nur die Kugel geben.
Du kannst deinen Trieb nicht kontrollieren,
andere Eltern werden auch ihr Kind verlieren.

Ich schrie laut nach Gerechtigkeit,
doch dazu war die Justiz nicht bereit.
Ich nahm den Revolver aus meiner Tasche
und erschoss dich,
das war meine Rache.
Eingesperrt wurde ich zu lebenslanger Haft,
viele Kinder habe ich dadurch gerettet,
aus deiner pädophilen Machenschaft.

Mit was für einem Recht darfst du weiterleben?
Ich möchte dir einfach nur die Kugel geben.
Du kannst deinen Trieb nicht kontrollieren,
andere Eltern werden auch ihr Kind verlieren.

Das Recht zu leben hast du nicht verdient,
deshalb habe ich mich meines Revolvers bedient.
Egal was ich tat,
es bringt mir keinen Trost,
meine Tochter ist begraben
und bleibt auf ewig tot.

Und plötzlich spielten wir bei der Weltmeisterschaft, beschreibt das Erlebnis von Michael Baltus, der als an Parkinson-Erkrankter vor einigen Monaten als Therapieform zum Tischtennisspielen kam und ein halbes Jahr später an der Ping Pong Parkinson Weltmeisterschaft in Pula, Istrien teilnahm. In diesem Tagebuch beschreibt er das Erlebte, seine Gefühle und vieles mehr. Der Autor führt den Leser nicht nur spannend durch das Geschriebene, nein, er gibt auch tiefe Eindrücke in das persönliche Leben eines an Parkinson Betroffenen.

Herstellung und Verlag:
BoD – Books on Demand, Norderstedt
ISBN: 9783758304675